中学生のにほんご
社会生活編

外国につながりのある
生徒のための日本語

庵功雄 監修　志村ゆかり 編著

志賀玲子・渋谷実希・武一美・永田晶子
樋口万喜子・宮部真由美・頼田敦子 著

スリーエーネットワーク

©2019 by SHIMURA Yukari, SHIGA Reiko, SHIBUYA Miki, TAKE Kazumi, NAGATA Akiko, HIGUCHI Makiko, MIYABE Mayumi, and YORITA Atsuko

All rights reserved. No part of this publication may be reproduced, stored in a retrieval system, or transmitted in any form or by any means, electronic, mechanical, photocopying, recording, or otherwise, without the prior written permission of the Publisher.

Published by 3A Corporation.
Trusty Kojimachi Bldg., 2F, 4, Kojimachi 3-Chome, Chiyoda-ku, Tokyo 102-0083, Japan

ISBN978-4-88319-799-6 C0081

First published 2019
Printed in Japan

まえがき

　この教材は、主に中学生を対象に、「初級の日本語から教科を学ぶために必要な日本語」の力の育成を目指したシリーズの第二弾です。

　日本に暮らす外国につながりのある子どもたちにとって、日本語をマスターし、学校の勉強についていくことは、とても大変なことです。この本の著者は、外国につながりのある子どもたちと関わってきた者、日本語学校や大学での日本語教育に携わってきた者、日本語の研究をしている者と、多岐にわたります。多方面の視点から、子どもたちの日本語力、ひいては学習能力を高めるアプローチのあり方を模索してきました。また、そのために実際に学校現場で子どもたちと一緒に学び、先生方と話し合ってきました。つまり、この本は著者だけでなく、子どもたちや学校現場の先生方の協力のもとに、作られたものです。学校現場の先生からは日本語だけでなく、「考える力」がついたという報告もいただいています。この本の刊行によって、よりたくさんの現場から、そうした声が聞こえてくることを著者一同願っております。

　最後に、本教材作成にあたり、ご協力いただきました横浜市教育委員会、並びに横浜吉田中学校のみなさまに深謝の意を表させていただきます。

2019年11月　著者一同

　本書はJSPS科研費17H02350（研究代表者：庵功雄）の研究成果の一部です。

目次

指導・支援をされる方へ ……………………………………………………… (5)

学習項目一覧 …………………………………………………………………… (9)

1部　身近な出来事について知ろう

1課	ポップカルチャー …………………	1
2課	ことわざを知っている？ ………	10
3課	おにぎり ……………………………	19
4課	健康 …………………………………	29
5課	「ゆるキャラ」って何？ …………	37
6課	笑顔の秘密 …………………………	47
7課	世界のこと …………………………	56
8課	スピーチをしよう！ ………………	64

2部　いろいろな出来事について考えてみよう

9課	役割分担 ……………………………	74
10課	地震 …………………………………	82
11課	手話の世界 …………………………	90
12課	環境問題 ……………………………	99
13課	入試の面接 ………………………	107
14課	職場体験（1）電話をかける ……	116
15課	職場体験（2）お礼状を書く ……	124
16課	日本語の多様性 …………………	133

解答 ………………………………………… 141

指導・支援をされる方へ

　この教材は、『中学生のにほんご　学校生活編―外国につながりのある生徒のための日本語―』に続く教材です。生徒が身近な社会生活、社会問題、文化といったテーマを通して、日本語を学ぶ教材です。

　生徒たちの将来にとって、学校の教科をきちんと理解し、自分の持っている能力を最大限に伸ばすことはとても大切なことです。それは進学だけでなく就職にも影響し、ひいては日本社会において日本人と対等に交流していく能力ともなります。この『中学生のにほんご　社会生活編―外国につながりのある生徒のための日本語―』は、そうした教科学習への橋渡しを目指した教材です。そして生徒たちが、身近な生活から彼らを取り巻く社会に意識を広げていけるよう、メッセージをこめてテーマのストーリーを考えました。

　学校生活編に比べ、社会に視野を広げた話題のなかで、普段の生活ではあまり接しない、改まった日本語を学びます。内容は少し難しいですが、先生や支援者の手を借りなくても進められるように、そして興味が持てるように、できるかぎり工夫しました。生徒が「自分で考えながら」進めるなかで、立ち止まってしまったときに手助けするようにお使いいただければと思います。

　最後に、日本語学習は、「学習」といっても勉強ではなく、「日本語でコミュニケーションをする方法を学ぶ」ものですから、生徒と一緒にこの教材の本文や練習で扱っている話題を材料に、できるだけ会話を広げてください。

▶ 対　象

初級レベルを学習した生徒

▶ 教材の構成

- 本冊
- 別冊：この本の主な登場人物
　　　言葉リスト（課順。英語、中国語、スペイン語訳つき）
- Webアップロード教材：言葉リスト（五十音順。英語、中国語、スペイン語訳つき）

＊「Webアップロード教材」は、この書籍には入っていません。https://www.3anet.co.jp/np/books/3942/からダウンロードしてご利用ください。

▶ 各課の構成

導入：その課のタイトルに沿った話題（質問）を生徒に投げかけ、本文を読み進めるためのウォーミングアップをします。

本文：

　1部　身近な出来事について知ろう

　　課のタイトルに関する短い読み物（200〜400字前後）が「トピック」として3つずつあります。内容は、身近な生活や文化に関するもので、文体は丁寧体（です・ます体）を使用しています。

　2部　いろいろな出来事について考えてみよう

　　課のタイトルに関する少し長めの読み物（600〜1,000字前後）が1つあります。内容は、社会生活や社会問題に関するもので、文体は、普通体を使用しています。

　なお、1部、2部とも、本文中には、その課の学習項目（文法）が、太字で示されており、練習のあとに「『本文』についての質問」があります。

文法　意味と使い方：その課で学習する文法の意味と使い方の説明です。

練習：学習した文法の働きを「理解」するための練習です。なお、😃マークがある箇所には、学習している生徒自身の回答を書いてもらいます。

「本文」についての質問：本文の内容を正しく理解できているかを確認する問題です。

感想・意見：1部では3つの「本文」を、2部では1つの「本文」を読んで、内容に対する感想や意見を自由に書きます。何かを読んだら、その内容について考えてみる姿勢を育てるのが目的です。

発展：その課で学習した文法の発展的な使い方を紹介したり、テーマに沿った発展的な課題や話題を取り上げたりしています。（3，9課にはありません。）

　なお、この教材では、それまでの課で学習していない文法や表現が出てくることがありますが、文脈から生徒が理解できるものについては、あえて取り上げていませんので、教師からわざわざその文法や表現を取り出して確認することは避けてください。あくまで生徒が立ち止まったときに手助けするようにしてください。

▶ 各課の進め方

1）課のタイトル、「導入」の質問を通して、その課で学習するテーマを生徒と共有します。

2）本文に目を通します。この時点では本文で取り上げられている話題が分かれば十分ですが、どんなことが書いてあるか、生徒の分かる範囲で答えてもらい、教師がそれについてコメントするとよいでしょう。

3）「文法」の「意味と使い方」を読んで、文法項目を導入します。そして、「意味と使い方」で文法の働きを理解したのち、練習を通して、その文法の働きの理解を深めていくようにします。練習は空欄に書き込んでいく形式になっていますが、黙々と行うのではなく、練習で取り上げられている話題を材料にして、生徒と教師が会話したり、生徒間で話し合ったりしながら行ってください。これは意見交換などにもなり、日本人生徒と一緒に学ぶ段階で役立つ重要な活動となります。

ひとまとまりの練習が終わったら（例えば練習1）、解答を入れて完成した文を声に出して読んでください。声に出して読むことによって、その使われ方を再認識することができます。

4）「『本文』についての質問」では、再度本文を読んで答えさせてください。なお、「－ことです」のように連体修飾の形などで解答することが求められている場合は、生徒の様子を見て、望ましい形で解答できなくても、内容を理解しているようであれば、許容してよいでしょう。

5）「感想・意見」は、質問について、教師または生徒間で話したあとに書き込むのが望ましいですが、状況によっては、書いたものを教師が確認する形でもよいでしょう。その場合でも、コメントを記すなど、生徒の記述に応答するようにしてください。

6）「発展」では、その課の文型の補足やテーマを生かした活動などを扱っています。内容が難しいものもありますが、飛ばさず、生徒と教師が一緒に読んだり、活動したりしてください。

その他：この教材で新たに学ぶ言葉（語彙）については、別冊に「言葉リスト」があります。
　　　　本冊の横に置いて、参照しながら学習を進めるとよいでしょう。

▶ 留意点

● 生徒に丁寧に理解しながら進めるよう促してください。この教材では自分で文を作ることよりも、理解することに重点を置いているので、さらっと通り過ぎないように注意し、生徒が間違えたときも正答を言ってしまうのではなく、生徒が自分で気づくように指導してください。

● 悩んで止まっていないか、言葉が分からず困っていないか等、生徒の様子に目を配るようにしてください。

● 生徒によって進度に差が出る場合がありますが、その生徒の理解度で進めるよう励ましてください。

● 生徒が語の意味を理解していない場合には、教師が語彙リストからその語を探して示すとよいでしょう。

● 生徒が黙々と教科書に書き込んで進めることのないように、本文や練習で話題となっているトピックについて話すなど、できるだけ教師や生徒間での対話につなげるようにするとよいでしょう。

▶ 学習時間の目安

目安として1日3ページ学習すると、50日程度で終了。子どもの学習環境に合わせて進めてください。

学習項目一覧

課（テーマ）	本文トピック	文法
1課 ポップカルチャー	1 ポップカルチャーって何？	1）－と思う 2）－を中心に
	2 カラオケ	3）－し、－し 4）－向け（の）
	3 ゲーム	5）－ないで
2課 ことわざを知っている？	1 井の中の蛙、大海を知らず	1）－という
	2 花より団子	2）－と 3）－ものだ
	3 うそつきは泥棒のはじまり	4）－のように／－のような＋［名詞］ 5）－かもしれない 6）－に対して
3課 おにぎり	1 おにぎりの歴史	1）－といえば 2）－のだ
	2 おにぎりを作ってみよう	3）－にくい／－やすい 4）－というのは－という意味だ
	3 どこで食べる？	5）－ようだ 6）－なければならない／ 　　－なければいけない 7）－べきだ
4課 健康	1 健康な体を作る ─食生活を考えよう	1）－たびに 2）－について
	2 体を守る ─ばい菌がいっぱい	3）－によると 4）－とともに
	3 体のリズムを作る	5）－によって

学習項目一覧　(9)

課（テーマ）	本文トピック	文法	
5課 「ゆるキャラ」って何？	1「ゆるキャラ」	1）－として	
		2）－まで	
	2 にっしーくん	3）－をきっかけに	
		4）－わけだ	
	3「ゆるキャラ」大活躍	5）－てしまう	
		6）－だけでなく	
6課 笑顔の秘密	1 笑顔の違い	1）－たところ	
		2）AはBに比べて	
		3）－ずに	
	2 笑顔と健康	4）Aは…。一方、Bは…。	
		5）AはBを－せる・させる／ AはBにCを－せる・させる	
	3 笑顔の効果	6）－のに	
7課 世界のこと	1 世界のトイレ	1）－に沿って	
	2 身振り	2）－をはじめ	
		3）AはBを－せる・させる	
	3 掃除の時間	4）－にとって	
		5）－うとする	
8課 スピーチをしよう！	1 話題を決めよう	1）－とは	
		2）－なら	
	2 スピーチメモを作り、 練習しよう	3）－をもとに	
		4）－ば	
	3 スピーチをしよう	5）－うえで	
		6）－おかげで	

(10)

課（テーマ）	文法
9課 やくわりぶんたん 役割分担	1）－にもかかわらず 2）－において／－における＋[名詞] 3）－ことに 4）－にかかわらず 5）－つつある 6）－らしい
10課 じしん 地震	1）－にわたって／－にわたり 2）－から－にかけて 3）－ば－ほど 4）－てくる 5）－てある 6）－につれて
11課 しゅわ せかい 手話の世界	1）－としたら 2）－には 3）－ないだろうか 4）－に違いない 5）－てほしい 6）－にあたって／－にあたり
12課 かんきょうもんだい 環境問題	1）－まま 2）－にすれば／－にしたら 3）－を－として 4）－結果 5）－まい 6）－おそれがある

学習項目一覧　*(11)*

課（テーマ）	文　法	
13課 入試の面接	1）－を通して 2）－こそ 3）－つもりだ 4）－といっても 5）－のとおりに	
14課 職場体験（1） 電話をかける	1）－にしたがい／－にしたがって 2）－反面 3）－に応じて／－に応じた＋［名詞］ 4）－に加えて 5）－はずだ	
15課 職場体験（2） お礼状を書く	1）－て以来 2）使役受身 3）－ないわけはない 4）－（さ）せていただく 5）－ことになる 6）－ことはない	
16課 日本語の多様性	1）－ことから 2）－際に 3）－にかわって 4）－ないかぎり 5）－に関して／－に関する＋［名詞］ 6）－きれない	

(12)

1課 ポップカルチャー

導入

1. カラオケによく行きますか。あなたは何を歌いますか。
2. ゲームは好きですか。一番好きなゲームは何ですか。

トピック 1　ポップカルチャーって何？

本文

　日本には、着物や柔道、書道などの伝統的な文化があります。そして、「ポップカルチャー」という新しい文化もあります。ポップカルチャーとは、みなさんが大好きな漫画やアニメ、ゲームなどです。みなさんも一度は『ドラえもん』や『ワンピース』などを読んだことがある**と思います**。ポップカルチャーは若者を中心に人気があります。
　日本のポップカルチャーは世界中で人気があるので、いろいろな国のイベントにたくさんの人が集まります。中国では毎年「中国国際アニメ祭り」が開かれます。そこには世界の漫画やアニメが集められて、アニメソングのコンサートやコスプレ大会などいろいろなイベントが行われます。ポップカルチャーのイベントに参加した人たちは、国や言葉が違っても、すぐに友だちになれるそうです。世界中で友だちがたくさんできて、いいですね。

コスプレ大会

文法 1　－と思う

意味と使い方1

例）チェくん：『ワンピース』は中学生に
　　　　　　　 人気がある と思います。
　　　　　　　 　意見

練習 1　どちらか選びましょう。また、＿＿に書きましょう。

① 木村さん：中学校には制服がありますね。ポンくん、制服は好きですか。
　 ポンくん：はい、好きです。朝、学校に行く準備がすぐできるので、
　　　　　　1 [a. 便利だ ・ b. 不便だ] と思います。

1課　ポップカルチャー　1

木村さん：王さんは？

王さん　：そうですね。便利です。でも、みんな同じ服を着るのは

　　　　　2 [　a. いい　・　b. つまらない　] と思います。

　😊　　：私は＿＿＿＿＿＿＿＿と思います。＿＿＿＿＿＿＿から。

② 先生　　：みなさん、「歩きスマホ」を知っていますか。

　　　　　「歩きスマホ」は歩きながらスマホを使うことです。

　　　　　みなさん、「歩きスマホ」をどう思いますか。

ポンくん：1 [　a. 良くない　・　b. 便利だ　] と思います。

　　　　　歩きながらゲームができますから！

アンさん：えー。前を見ないから、

　　　　　2 [　a. 危ない　・　b. 暗い　] と思います。

王さん　：私もそう思います。止めたほうがいいです。

　😊　　：私／僕 [　は　・　も　] ＿＿＿＿＿＿＿と思います。

　　　　　＿＿＿＿＿＿＿から。

意味と使い方 2

例）今度の日曜日、お祭りがあるから、公園は 人が多い と思います。
　　　　　　　　　　　　　　　　　　　　　　推量

練習 2　　□ から、選びましょう。

上手だ　　下手だ　　おいしい　　帰った　　休みだ

① 先生　　　：おはようございます。……あれ？ エルダさんがいませんね。

　　王さん　：エルダさんは、きのう、風邪をひいて、熱が高かったです。

　　　　　　　たぶん、今日は＿＿＿＿＿＿＿と思います。

② 先生　　　：文化祭のポスターは誰に描いてもらいましょうか。

　　田中くん：ポンくんがいいです。ポンくんは漫画が好きだから、

　　　　　　　たぶん絵が＿＿＿＿＿＿＿と思います。

　　ポンくん：すみません、僕は絵は全然上手じゃないです。

③ 王さん　　：エルダさんはどこ？

　　田中くん：エルダさんのかばんがないから、もう＿＿＿＿＿＿＿と思うよ。

④ ここは有名なパン屋です。お客さんがたくさん来ていますから、きっと_____と思います。

文法 ２ －を中心に

意味と使い方

例）田中くん：もうすぐ合唱祭があります。
　　　　　　クラスでは ポンくん を中心に合唱の練習をしています。
　　　　　　　　　　　‖
　　　　　　　　　一番重要

練習１ 絵を見て、____に書きましょう。
① 今年の文化祭は_____を中心に、ダンスをしました。
② 保健の先生：みなさん、健康のために_____を中心にした食事を取りましょう。
　　生徒　　　：は～い。
③ 天気予報

台風が近づいています。明日は_____を中心に大雨が降るので、気をつけてください。

④ 神奈川県は、1859年に横浜港が開かれてから、_____を中心に、発展しました。

練習２ あなたは何を中心にがんばりたいですか。
　　　　　□から、選びましょう。
① 今学期、私は_____を中心に、がんばりたいです。

| 数学 | 理科 | 社会 | 英語 | 体育 |

② 日本語の勉強で、_____を中心に、がんばりたいです。

| 漢字 | 言葉 | 文法 | 作文 |

「本文」についての質問

① 日本にはどんな文化がありますか。

___

② ポップカルチャーには、どんなものがありますか。

___

③ 世界中で開かれているポップカルチャーのイベントのいいところは、何ですか。

___

トピック 2　カラオケ

本文

　みなさんは歌を歌うのが好きですか。家族や友だちと一緒にカラオケで、大きな声で歌うのは、楽しいし、おもしろいし、それに、元気になりますね。

　カラオケは1970年頃、日本で作られました。すぐ人気がでて、大人も子どももカラオケが大好きになりました。カラオケにはおじいさんやおばあさんが知っている古い歌から、子ども向けのアニメの歌まで、たくさんの歌があります。カラオケは日本から世界に広がりましたから、いろいろな国の人と一緒に楽しく歌うことができます。また、同じ歌をいろいろな国の言葉で歌うこともできます。

　最近は、歌ったら、最後に点数が出るカラオケもあります。そして、全国で誰が一番上手か、すぐに分かるようになりました。これからも新しいカラオケが作られると思います。

文法 3　－し、－し

意味と使い方

例1）

好きな ビデオも見たい し、新しい ゲームもしたい し、今日はうちにいよう。
　　　└─────── 理由 ───────┘

例2)  スマートフォンは メールもできる し、 ゲームもできる し、言葉を調べることもできます。

練習1　□から、選びましょう。

| 書いた　できる　安い　休みだ |

① ポンくん：エルダさんは歌も上手だし、ダンスも_____し、それに、英語も話せる。すごいね。
　　田中くん：そうだね。
② チェくんのお母さん：またゲームしているの？
　　チェくん：宿題もやったし、作文も_____し、ちゃんと勉強もしたよ。
③ 王さん：そのお菓子、いつも食べているね。
　　チェくん：うん、おいしいし、_____し、それでいつも買うんだよ。
④ 田中くん：あしたは_____し、部活もないし、一緒に遊びに行かない？
　　ポンくん：いいよ、どこに行く？

練習2　___に書きましょう。

① ハンバーガーは安いし、_____から、いつも食べています。
② 国際教室は日本語の_____し、教科の勉強もできるし、それにいろいろな国の人と友だちになれます。
③ 学校は友だち [　] _____し、毎日、楽しいです。

「－し」は一つでも使えるよ。

1課　ポップカルチャー

文法 ④ －向け(の)

意味と使い方

例）この英語の辞書は中学校で勉強する言葉が多いです。これは 中学生 向けの辞書です。

ポンくん

「have, go, …」この辞書、僕にちょうどいい！

練習　□から選んで、＿＿に書きましょう。

| 外国人 | 中国人 | 大人 | 子ども | 高校生 |

① 本屋

　王さん　：どんな辞書がいいと思う？

　チェくん：う～ん、これはどう？

　ポンくん：ああ、中国語の説明があるから、＿＿＿＿＿＿向けの辞書だね。

② 王さん：これは何の本ですか。

　店員　：これは大学受験の問題集ですから、＿＿＿＿＿＿向けですよ。

③ ケーキ屋

　木村さん：このケーキは子どもも食べられますか。

　店員　　：このケーキはお酒を使っていますので、＿＿＿＿＿＿向けです。

④ 市役所

　ルイくんのお母さん：すみません、＿＿＿＿＿＿向けの市のパンフレットはありますか。

　市役所の人　　　　：あちらにありますよ。
　　　　　　　　　　　4か国語で書かれています。

トピック 2 「本文」についての質問

① カラオケはどこで作られましたか。

＿＿＿＿＿＿＿＿＿＿＿＿＿＿＿＿＿＿＿＿＿＿＿＿＿＿＿＿＿＿＿＿

② カラオケにはどんな歌がありますか。

＿＿＿＿＿＿＿＿＿＿＿＿＿＿＿＿＿＿＿＿＿＿＿＿＿＿＿＿＿＿＿＿

③ 日本人だけがカラオケをしますか。

＿＿＿＿＿＿＿＿＿＿＿＿＿＿＿＿＿＿＿＿＿＿＿＿＿＿＿＿＿＿＿＿

トピック 3 ゲーム

本文

　誕生日やクリスマスにゲーム機を買ってもらったことがありますか。スーパーマリオやポケモンをみんな知っていますね。最近ではスマホを持っている人が多くなったので、スマホでゲームをする人も増えました。

　ゲームをしているとき、「ゲームを**しないで**勉強しなさい。」とお母さんに叱られた人もいると思います。でも、ゲームをしながら歴史の勉強ができたり、有名な場所について知ることができたりしますよね。それに、勉強のストレスを解消することもできます。

　ところで、将来、おもしろいゲームを作りたいと思っている人はいませんか。ゲームを作るためには、プログラミングを勉強したり、音楽を作ったり、ストーリーを考えたりする必要があります。だから、ゲームを作りたいと思っている人は、ゲームクリエーターになれるように、毎日、いろいろな勉強をしてくださいね。

文法 5 　－ないで

意味と使い方

例) 朝ご飯を食べ**ない**で 学校へ来た。おなかがすいた！

練習1　絵を見て、＿＿に書きましょう。

① ポンくん：きのう、宿題を＿＿＿＿＿＿で、ゲームをしていたら、お母さんに叱られちゃった。
　田中くん：僕もゲームをしていて、よくお母さんに叱られるよ。

② 保健の先生：みなさん、夜、ちゃんと歯をみがいていますか。
　＿＿＿＿＿＿＿で、寝てはいけませんよ。
　虫歯になりますから。

③ 王さん　：ポンくん、みんなで買い物に行かない？

　　ポンくん：風邪をひいているから、＿＿＿＿＿＿＿で、

　　　　　　　うちにいるよ。

　　王さん　：そう。ゆっくり休んでね。

出かける

練習2　あなたはどちらですか。

① 私は毎朝、ご飯を〔　a. 食べて　・　b. 食べないで　〕、学校に来ます。

② 私はいつも次の日の学校の準備を〔　a. して　・　b. しないで　〕、寝ます。

トピック3　「本文」についての質問

① 最近では、ゲームを何でする人が増えましたか。

＿＿＿＿＿＿＿＿＿＿＿＿＿＿＿＿＿＿＿＿＿＿＿＿＿＿＿＿＿＿＿＿

＿＿＿＿＿＿＿＿＿＿＿＿＿＿＿＿＿＿＿＿＿＿＿＿＿＿＿＿＿＿＿＿

② ゲームのいいところは何ですか。

＿＿＿＿＿＿＿＿＿＿＿＿＿＿＿＿＿＿＿＿＿＿＿＿＿＿＿＿＿＿＿＿

＿＿＿＿＿＿＿＿＿＿＿＿＿＿＿＿＿＿＿＿＿＿＿＿＿＿＿＿＿＿＿＿

③ ゲームを作るためには、どんなことをする必要がありますか。

＿＿＿＿＿＿＿＿＿＿＿＿＿＿＿＿＿＿＿＿＿＿＿＿＿＿＿＿＿＿＿＿

＿＿＿＿＿＿＿＿＿＿＿＿＿＿＿＿＿＿＿＿＿＿＿＿＿＿＿＿＿＿＿＿

感想・意見　本文や練習の漢字を見て、たくさん漢字を使って書いてみましょう。

トピック1〜3を読んで、ポップカルチャーについてどう思いましたか。

（ポップカルチャーで何が好きですか。いつも何をしますか。おもしろいですか。）

発展

どちらか選びましょう。

①②の「受身」は「学校生活編」の16課で勉強したね。

① 私は妹にケーキを食べられました。
　誰のケーキですか。　　　　　1 [a. 私　・　b. 妹]
　「私」はどんな気持ちですか。　2 [a. うれしい　・　b. 悲しい]

② ポンくんは友だちとけんかして、殴られました。
　誰が殴りましたか。　　　　　[a. ポンくん　・　b. 友だち]

③～⑤の受身は主語が人じゃないよ。
1課の本文に出てきたね。

③ 世界中で、アニメのイベントが行われます。
④ 東京スカイツリーは2012年に建てられました。
⑤ 奈良県にある法隆寺は聖徳太子によって、造られました。

有名な人など、「誰がしたか」言いたいとき、「によって」を使うよ。

1課　ポップカルチャー

2課 ことわざを知っている？

導入
1.「花」と「食べ物」、どちらが好きですか。
2. うそをついて、後悔したことがありますか。

トピック 1　井の中の蛙、大海を知らず

本文

　日本のことわざに、「井の中の蛙、大海を知らず」ということわざがあります。井戸の中にいるカエルはそこが全世界だと思って、もっと広くて大きな海があることを知らないという意味です。今の自分に満足するのではなく、もっと新しいことにチャレンジして、たくさんの知識を得ることが大事だということです。
　みなさんは休みの日に何をしていますか。ずっとゲームをしていませんか。友だちと遊んだり、本を読んだり、いろいろなところへ行ったりして、もっともっと自分の世界を広げてください。

文法 1　－という

意味と使い方1

例) 小林先生：スターウォーズという映画を知っていますか。
　　　　　　　 名前

練習 1　＿＿に書きましょう。

① 王さん　：「麻婆豆腐」という＿＿＿＿＿＿＿を知っている？
　 アンさん：ううん、知らない。
② 木村さん：王さんはパンが好きですか。
　 王さん　：はい、＿＿＿＿＿＿＿というお店のパンが好きです。
③ 田中くん：きのう、1＿＿＿＿＿＿＿という
　　　　　　 2＿＿＿＿＿＿＿を読んだよ。

　 ポンくん：おもしろかった？
　 田中くん：うん。ポンくんも読む？

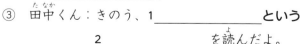

④　王さん　　　：エルダさん、このチョコレートケーキ、おいしいね。

　　　　　　　　何というお店のケーキ？

　　エルダさん：駅前のガトースズキという＿＿＿＿＿＿＿＿だよ。

意味と使い方2

例）木村さん：来週、 遠足に行く という話を聞きましたか。
　　　　　　　　　　　　　内容

練習2　＿＿＿に書きましょう。

「まじ」？

①　王さん　　　：先生、「まじ」の意味は何ですか。

　　小林先生：「ほんとう」という＿＿＿＿＿＿＿です。

　　　　　　　　でも、先生には使わないでくださいね。

②　チェくん：田中くん、「桃太郎」はどんな話？

　　田中くん：桃から生まれた男の子が、鬼を退治するという

　　　　　　　＿＿＿＿＿＿＿だよ。

③　ポンくん　　：きのうのドラゴンボール、おもしろかったねー。

　　エルダさん：きのうはテレビを見なかったの……。どんな話だったの？

　　ポンくん　　：悟空がフリーザと戦う＿＿＿＿＿＿＿。それでね……

トピック
1
「本文」についての質問

①　「井の中の蛙、大海を知らず」はどんな意味ですか。

＿＿＿＿＿＿＿＿＿＿＿＿＿＿＿＿＿＿＿＿＿＿＿＿＿＿＿＿＿＿＿＿＿＿

＿＿＿＿＿＿＿＿＿＿＿＿＿＿＿＿＿＿＿＿＿＿＿＿＿＿意味です。

②　休みの日にどんなことをするのがいいですか。

＿＿＿＿＿＿＿＿＿＿＿＿＿＿＿＿＿＿＿＿＿＿＿＿＿＿＿＿＿＿＿＿＿＿

2課　ことわざを知っている？　　11

トピック 2　花より団子

本文

　春になると、桜の花が咲きます。桜の花が咲くと、公園に行って桜の花を見たり、桜の木の下にレジャーシートを敷いて、家族や仲間たちと食べたり、飲んだりします。これが花見です。人気がある公園は花見の人でいっぱいになります。

　その中には、桜の花を見るよりも、食べたり、飲んだりするほうが好きな人たちもいます。「花より団子」ということわざは、「花＝桜」を見るよりも、「団子＝食べ物」を食べることのほうが大事だということから、実際に利益があるもののほうが大事だという意味です。

　春の暖かな日差しの中で、家族や仲間と一緒においしいものを食べるのはとても楽しいものです。

文法 2　－と

意味と使い方

例1) 王さん　：コンビニに行くと、いつもアイスを買います。
　　　　　　　　　　A　　　　　　　　　B

例2) 木村さん：冬が好きです。冬になると、スキーができますから。
　　　　　　　　　　　　　　　A　　　　　　B

Aのとき、いつもB。

練習　＿＿＿に書きましょう。

① 王さん　：季節の中で、いつが一番好き？
　　アンさん：1＿＿＿＿＿＿＿。
　　　　　　　2＿＿＿＿＿＿＿になると、プールの授業がありますから！

② 先生：21に4をかけると、＿＿＿＿＿＿＿になります。（21×4＝□）

③ アンさん：どのボタンを押すと、ゲームがスタートする？
　　ポンくん：＿＿＿＿＿＿＿と、ゲームがスタートするよ。

④ 王さん　　　：エルダさんは毎朝、何時に起きるの？

エルダさん：6時。6時に＿＿＿＿＿＿＿と、

　　　　　　　目覚まし時計が鳴るようにしているの。

エルダ

文法 ③ －ものだ

意味と使い方

例)　赤ちゃんはよく泣く ものだ。

　　 一般的・常識

赤ちゃんはみんなよく泣きますね。

練習 ＿＿＿に書きましょう。

① 田中くん：漫画を買ったら、財布の中のお金がなくなった……。

アンさん：当たり前だよ。

木村さん：そうよ。田中くん、お金はすぐ＿＿＿＿＿＿＿ものよ。

② 王さん　　　：あしたもテストがある……。毎日宿題やテストで、嫌になる。勉強し

　　　　　　　たくない。

小林先生：学生は＿＿＿＿＿＿＿ものだろ？

ポンくん　：先生、そうですけど、毎日勉強するのは大変です……。

③ 王さん　　　：アンさん、もう帰る時間だよ！

アンさん：本当だ！ 王さんとのおしゃべりは楽しいから、時間がすぎるのが早い！

木村さん：＿＿＿＿＿＿＿時間は早くすぎるものよね。じゃ、またね。

トピック 2 「本文」についての質問

① 「花見」はどんなことをしますか。

＿＿＿＿＿＿＿＿＿＿＿＿＿＿＿＿＿＿＿＿＿＿＿＿＿＿＿＿＿＿＿＿＿＿＿＿

② 「花より団子」はどんな意味ですか。

＿＿＿＿＿＿＿＿＿＿＿＿＿＿＿＿＿＿＿＿＿＿＿＿＿＿＿＿＿＿＿＿＿＿＿＿

＿＿＿＿＿＿＿＿＿＿＿＿＿＿＿＿＿＿＿＿＿＿＿＿＿＿＿＿＿＿＿＿＿＿＿＿

トピック 3 うそつきは泥棒のはじまり

本文

みなさんはピノキオを知っていますか。

ピノキオは、『ピノキオの冒険』という話の中に出てくる人形です。まるで人間の男の子**のように**、動いたり話したりすることができます。そして、うそをつくと鼻が伸びます。

日本のアニメ『ワンピース』の主人公の仲間のウソップは、その名前に「ウソ」という言葉が入っています。それに、ウソップの鼻は他の人より長いです。ウソップという名前やウソップの鼻が長いことは、もしかするとピノキオの話と関係がある**かもしれません**。みなさんは「うそをつく人」に対して、どんな考えを持っていますか。

「うそつきは泥棒のはじまり」ということわざがあります。このことわざはどんな意味だと思いますか。このことわざは、うそつきは将来、泥棒になるということを表しています。つまり、うそをつくということは、悪の道へ入る第一歩であるという意味です。

文法 4 －のように／－のような＋[名詞]

意味と使い方

例1）ポンくん：僕のお父さんは、コックです。料理がとても上手です。
　　　　　　　僕は お父さん のように 料理が上手になりたいです。
　　　　　　　大人になったら、 お父さん のような コックになりたいです。

「まるで－のように／ような－」の言い方もよく使うよ。

例2）エルダさん：カルロスくんはまるで 魚 のように、泳ぐのが上手なんだよ。
　　　王さん　　：小川さんは 雪 のような 白い肌をしているね。

練習1 ▢ から、選びましょう。

王さん　　晴れた日の海　　人が多いところ

① ＿＿＿＿＿＿＿のような優しい人になりたいです。

② 東京駅のような＿＿＿＿＿＿＿は、スマホを見ながら歩くと危ないです。

③ このジュースはまるで＿＿＿＿＿＿＿のように、青くてきれいです。

練習2 あなたのことを書きましょう。

① 王さん：あなたはどんな人になりたい？

　　😊：＿＿＿＿＿＿＿のような＿＿＿＿＿＿＿人になりたい。

② 王さん：あなたは＿＿に何を入れる？

　　😊：エルダさんはまるで＿＿＿＿＿＿＿のように、歌が上手だ。

文法 5 －かもしれない

意味と使い方

例）小林先生：あれ、チェくんは休みですか。
　　田中くん：はい。きのう、元気がありませんでした。
　　　　　　もしかして病気かもしれません。
　　　　　　　　　可能性がある

「－かもしれません」は、「もしかして」や「もしかすると」と一緒に使うことが多いよ。
「もしかして」や「もしかすると」がなくても、同じような意味だよ。

練習 ＿＿に書きましょう。

① ポンくん：あれ、何？ 光っているよ。
　　王さん　：もしかして＿＿＿＿＿＿＿かもしれない。

② アンさん：あ！ 見て。小林先生だよ。
　　王さん　：本当だ！ 隣の女の人は誰かな？
　　アンさん：もしかすると＿＿＿＿＿＿＿＿＿＿＿ね。

③ お父さん：天気予報、見た？ あした、台風が来るよ。
　 王さん　：本当⁉ じゃあ、学校が休みになるかな？
　 お父さん：そうだね、＿＿＿＿＿＿＿＿＿＿＿＿＿＿ね。
④ ポンくん：今晩、サッカーのワールドカップの試合があるね。日本チーム、勝つかな？
　 田中くん：うーん。3人の選手がけがをしているから、＿＿＿＿＿＿＿＿＿＿ね。
　 ポンくん：そうだね……。でも、僕、応援するよ！

文法 6　－に対して

意味と使い方

例) 掃除をしない人 に対して、田中くんが文句を言いました。

「人」を表す言葉

練習　＿＿＿に書きましょう。

① 先生　　：あしたは老人ホームに行きますね。お年寄りがたくさんいますね。
　　　　　　みなさんは、いつも＿＿＿＿＿＿＿に対して、親切にしていますか。
　 チェくん：先生！ 僕、きのう、ポンくんがお年寄りに席を
　　　　　　ゆずったのを見ました。
　 先生　　：そうですか。いいことですね。

② お母さん：ポン、最近、言葉づかいが悪いわよ。
　　　　　　学校で＿＿＿＿＿＿＿に対して、
　　　　　　失礼なことを言っていない？

　 ポンくん：言ってないよ。

③ 王さん　：田中くん、日曜日、うちで映画を見ない？
　 田中くん：うーん。日曜は 弟 とサッカーをする約束があるんだ。
　 王さん　：そう。田中くんは＿＿＿＿＿＿＿に対して、すごく優しいよね！
　　　　　　いいお兄さんだね。

トピック 3 「本文」についての質問

① ピノキオは人形ですが、どんなことができますか。

_____

_____

② 「うそつきは泥棒のはじまり」ということわざはどんな意味ですか。

_____

_____

♡ 感想・意見 本文や練習の漢字を見て、たくさん漢字を使って書いてみましょう。
あなたの国のことわざを教えてください。意味も教えてください。

・・

・・

・・

・・

発展

1）文法3 ーものだ

例）小学生の頃、お父さんによく | 怒られた | ものだ。

↑

| 昔、よく経験したこと |
経験

「怒られた」は
た形だよ。

あなたのことを書いてください。
① 小学生の頃、_____たものだ。
② 小さいときはよく_____ものだ。

2課 ことわざを知っている？ *17*

2) 文法6 －に対して

他の使い方もあるよ！

例1) 学生 一人 に対して3本の鉛筆を配る。
　　　　　～につき

例2) 兄は背が高いの に対して、私は背が低い。
　　　　　対比

3)

どんな意味のことわざか調べてみよう！
「猫の手も借りたい」
「猿も木から落ちる」
「豚に真珠」
「二兎を追う者は一兎をも得ず」
動物が出てくるものは他にもあるよ。

3課 おにぎり

導入

1. おにぎりを食べたことがありますか。
2. どんなおにぎりが好きですか。
3. どんなおにぎりが、人気があると思いますか。

トピック 1　おにぎりの歴史

本文

みなさんは、よくコンビニに行きますか。コンビニで、何を買いますか。

コンビニの人気商品**といえば**、「おにぎり」です。みなさんは、どんなおにぎりが好きですか。

おにぎりは、1000年以上前から日本にあったそうです。昔の人もおにぎりを食べていた**のですね**。そして江戸時代（1603年～1868年）には、旅に出たり、農作業に行ったりするとき、おにぎりのお弁当を持って出かける人が多くなりました。のりを巻いて食べる習慣も、この頃できたそうです。

ところで、みなさんは駅弁を食べたことがありますか。今、駅ではいろいろな駅弁が売られていますが、日本で初めて駅弁が発売されたのは1885年(注)です。その中身は、梅干しのおにぎり2個とたくあん2個だったそうです。鉄道の旅で食べるおにぎり、おいしかったでしょうね。

注）いくつかの説があります。

初めの駅弁　　今の駅弁

文法 1　－といえば

意味と使い方

例）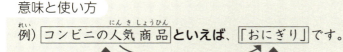

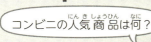　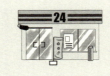

3課　おにぎり　19

練習 ＿＿に書きましょう。

支援教室

① 木村さん：チェくんは、漫画が好きでしたよね。韓国で人気の日本の漫画は何ですか。
　　チェくん：韓国で人気の＿＿＿＿＿＿＿といえば、『ワンピース』です。僕も大好きです。
　　木村さん：へえ、そうですか。

② 王さん　：あれっ、アンさん、今日テニス部は休み？
　　アンさん：うん、休み。でも、運動したいなあ。王さん、スポーツは？
　　王さん　：あまりしない。でも卓球はやるよ。
　　　　　　　中国で＿＿＿＿＿＿＿といえば、卓球だから。

③ ポンくん：あなたの国で人気のスポーツは？
　　😊　　：私の国で1＿＿＿＿＿＿＿といえば、＿＿＿＿＿＿＿。
　　ポンくん：僕の国で人気の料理といえば、トムヤムクンだけど、あなたの国で人気の料理は？
　　😊　　：私の国で2＿＿＿＿＿＿＿といえば、＿＿＿＿＿＿＿。

文法 ❷ －のだ

意味と使い方1

例）木村さん：ポンくん、ここを読んでください。
　　ポンくん：はい。「お米作りは、3000年以上前に中国から伝えられました。」
　　　　　　　　　　　　　　　Ａ
　　　　　　　　　　　　　　　↓
　　木村さん：日本人は、長い間お米を食べているのですね。
　　　　　　　　　　　　Ｂ

　　　　　　　　　　　ＡからＢを考えた、という意味！

話すときには、「の」が「ん」になることが多いよ。
「食べているのですね。」⇒「食べているんですね。」

練習1 ＿＿に書きましょう。

支援教室

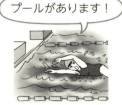

木村さん：日本の学校では、体育で水泳をするんですよ。

アンさん：だから、学校にプールが＿＿＿＿＿＿＿んですね。

意味と使い方2

例1) 木村さん：いつ国に帰る**ん**ですか。　王さん：来月、帰ります。
例2) 木村さん：誰と帰る**ん**ですか。　王さん：ひとりで帰ります。

もっと聞きたいときに、よく使うよ。
「いつ／どこで／誰と＋〜の／んですか」

練習2 ＿＿に書きましょう。

支援教室

① ポンくん：夏休みに、国に帰ります。
　木村さん：へえ、そうですか。誰と＿＿＿＿＿＿んですか。
　ポンくん：姉と帰ります。

② チェくん：アンさん、何を1＿＿＿＿＿＿んですか。
　アンさん：宿題を忘れたから、急いで2＿＿＿＿＿＿んです。
　チェくん：あっ、僕も忘れた……。

「─んですか」の質問には、「─んです」で答えることもあるよ。

トピック1 「本文」についての質問

本文の内容と合っていたら○、間違っていたら×をつけましょう。

① (　) 1000年前の人も、おにぎりを食べていた。
② (　) おにぎりにのりを巻く習慣は、1000年前にできた。
③ (　) 1885年のおにぎりの中には、梅干しとたくあんが入っていた。

トピック 2　おにぎりを作ってみよう

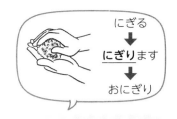

本文

　みなさん、なぜ「おにぎり」と言うか知っていますか。ご飯を「握る」から、「おにぎり」と言うのです。

　家にご飯があったら、自分で作ってみてください。温かいご飯のほうが、握りやすく、上手に作れます。冷めると、おにぎりの形にするのが難しくなります。

　でも、上手にできなくても大丈夫です。本来、おにぎりにはいろいろな形があるのです。三角の他にも俵型、丸型などがあります。あなたが新しい形を作ってもいいのです。最近では、握らない「おにぎらず」という食べ方も紹介されています。「握らず」というのは、「握らない」という意味です。下の絵を見てください。いろいろなものが入っています。サンドイッチに似ていますね。

　さあ、あなたは、どんなおにぎり、おにぎらずを作りますか。

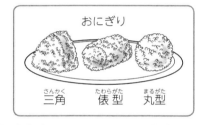

文法 3　－にくい／－やすい

意味と使い方

例1）このハンバーガーは食べにくいです。
　　　　　　　＝
　　　　　　難しい

　　　　　　　↕

例2）このハンバーガーは食べやすいです。
　　　　　　　＝
　　　　　　易しい・簡単だ

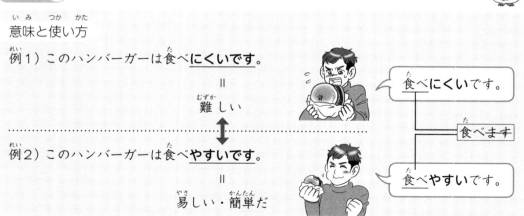

練習 「－やすい」「－にくい」を使って、＿＿に書きましょう。

支援教室

① エルダさん：何を見ているの？
　王さん　　：社会の本だよ。この本、絵や図がたくさんあって、
　　　　　　　とても＿＿＿＿＿＿＿んだ。
　エルダさん：そうなんだ。私にも見せて。

② アンさん：木村さん、このペンで書いてみてください。
　木村さん：わあ、とても＿＿＿＿＿＿＿ですね。どこで買ったんですか。
　アンさん：おじさんにもらったんです。

③ ポンくん：あっ、新しいスマホですか。
　木村さん：はい、でも操作がちょっと難しくて、＿＿＿＿＿＿＿です。

文法 4　－というのは－という意味だ

意味と使い方

例）「握らず」というのは、「握らない」という意味です。

ちょっと難しい言葉を説明するときに使う表現だよ。

練習 ＿＿に書きましょう。

公園

① アンさん：どこでお弁当を食べようか。
　王さん　：ここでは食べられないよ。
　アンさん：えっ、どうして？
　王さん　：あそこを見て。
　アンさん：あの漢字は何と読むの？
　王さん　：「いんしょくきんし」。
　　　　　　飲食禁止というのは＿＿＿＿＿＿＿という意味。

3課　おにぎり　23

支援教室

② 王さん　　　：ASAPって何？

　　エルダさん：ああ、ASAP**というのは**、「できるだけ早く」＿＿＿＿＿＿だよ。

　　王さん　　　：へえ、そうなんだ。ありがとう。

③ エルダさん：木村さん、「ドンマイ」って何ですか。

　　木村さん　　：ドンマイ1＿＿＿＿＿、英語の"Don't mind"で、

　　　　　　　　　「気にしないでください」2＿＿＿＿＿＿です。

トピック 2 「本文」についての質問

本文の内容と合っていたら○、間違っていたら×をつけましょう。

① （　　）「握らない」という言葉から「おにぎり」という言葉ができた。

② （　　）冷めたご飯を使うと、おにぎりが作りにくい。

③ （　　）いろいろな形のおにぎりがある。

ドンマイ！

トピック 3 どこで食べる？

本文

　おにぎりについて2011年にアンケート注をとりました。まず、おにぎりを食べる場所で一番多かったのは「家」でした。二位が職場、三位が公園、四位が乗り物でした。「お弁当のおにぎり」ではなく、「家での食事のおにぎり」が増えたのですね。みなさんは、どこでおにぎりを食べますか。

　次に、好きなおにぎりの中身も尋ねました。毎年、鮭が一番です。二番目は梅干しのおにぎりですが、若い人の間では、ツナのおにぎりを食べる人が多くなっています。

　また、家でおにぎりを作る人も大勢います。家族や自分のために作る人が多い**よう****です**。何を入れるか考えるのも楽しいでしょうね。

　しかし、気をつけてください。おにぎりはおいしくて食べやすくて便利ですが、成長期のみなさんは栄養のバランスを考え**なければなりません**。おにぎりを食べるときは、一緒に野菜や肉や魚なども食べる**べきだ**ということを忘れないでください。

注）第11回おむすびの日記念アンケート結果発表

（ご飯を食べよう国民運動推進協議会調査）より

24

文法 5 －ようだ

意味と使い方

例) 学校

小林先生：王さん、エルダさん、さようなら。

王さん　　：さようなら。

あれ？　あれは、アンさんのかばんですね。
アンさんはまだ学校にいる**ようです**ね。
　　　　　見て、聞いて推量

小林先生：図書室へ行くのを見ましたよ。

王さん　　：そうですか。

アンさんのかばん

練習　＿＿＿に書きましょう。

支援教室

① 木村さん：今日は人が少ないですね。

　　チェくん：そうですね。エルダさんも、風邪を＿＿＿＿＿＿ようですね。

　　木村さん：みなさん、気をつけてくださいね。

② 木村さん：王さん、こんにちは。アンさんは元気ですか。
　　　　　　　最近支援教室に来ませんが……。

　　王さん　：元気ですよ。きのう、テニスの試合の話をしていました。
　　　　　　　もうすぐ大きい試合が＿＿＿＿＿＿**ようです**。

　　木村さん：そうですか。試合はいつありますか。見に行きたいです。

友だちと話すときには、「ようだ（ようです）」が「みたいだ」になることが多いよ。
「アンさんはまだ学校にいる<u>ようです</u>ね。」
⇒ 「アンさんはまだ学校にいる<u>みたいだ</u>ね。」

3課　おにぎり　25

文法 6　－なければならない／－なければいけない

意味と使い方

例) プールに入るときは、水泳帽をかぶらなければなりません／いけません。
　　　　　　　　　　　　　　　　　　　　↑水泳帽をかぶる
　　　　　　　　　　　　　　　　ルール・義務

かぶらない＋なければなりません／いけません

「かぶらない」はだめ！

練習 ＿＿に書きましょう。

① 図書室

王さん　　　　：図書室の本を借りたいです。ルールを教えてください。
図書室の先生：はい。まず、みんなの本ですから、大切に読んでくださいね。
　　　　　　　そして、借りた本は1週間後までに＿＿＿＿＿＿＿なければなりません。
王さん　　　　：はい、分かりました。必ず返します。

② 教室

先生：今日の午後は、合唱祭ですね。
　　　みんな、がんばって歌いましょう。
学生：はーい。
先生：でも、他のクラスが歌っているときは、
　　　静かにし＿＿＿＿＿＿＿＿＿＿＿＿＿よ。
学生：はい、静かにします。

静かにします。

③ 保健室

チェくん　　　　：先生、ちょっと体調が悪いんです。
保健室の先生：チェくん、毎日朝ご飯を食べていますか。
チェくん　　　　：いいえ……。いつも朝ご飯は食べません。
保健室の先生：学校に来る前に、ちゃんと＿＿＿＿＿なければいけませんよ。
チェくん　　　　：はい。これから、ちゃんと食べます。

文法 7 －べきだ

意味と使い方

例) みんなで決めたルールは守るべきだ。
　　　　　強い主張／助言

練習　合っていたら○、間違っていたら×をつけましょう。

生徒会：演説会

Aくん　Bくん　Cさん

みなさんは制服についてどう思いますか。僕は、制服をなくすべきだと思います。

文化祭で行うことについて、もっと私たちが積極的に決めるべきだと思います。

部活動の種類を増やすべきです。いろいろな部活があったほうが、みんな参加しやすいですから。

3人とも、しっかりと意見を主張しているね。

① (　) Aくんは、制服はあったほうがいいと言っている。
② (　) Bくんは、部活動の種類を増やしたほうがいいと言っている。
③ (　) Cさんは、自分たちが文化祭のことを決めたほうがいいと言っている。

王さん：私は、中学生はいろいろな人と話をするべきだと思います。あなたは、中学生は何をするべきだと思いますか。

 ：私は＿＿＿＿＿＿＿＿＿＿＿＿＿＿＿＿＿＿＿＿＿＿＿＿＿＿と思います。

トピック 3 「本文」についての質問

① どこでおにぎりを食べる人が多いですか。

② 一番人気があるおにぎりは何ですか。

3課　おにぎり　27

♡ 感想・意見 　本文や練習の漢字を見て、たくさん漢字を使って書いてみましょう。

あなたの一番好きな食べ物は何ですか。食べ物の思い出がありますか。

4課 健康

導入

1. おなかがすいたとき、あなたは何を食べますか。
2. 「ガラガラうがい」って何ですか。
3. 「体内時計」ってどんな時計だと思いますか。

トピック 1　健康な体を作る—食生活を考えよう

本文

みなさんはジュースやポテトチップスが好きですか。左の絵を見てください。飲み物の前にあるのは、それぞれに入っている砂糖の量です。どうですか。たくさん入っていますね。砂糖は、あなたが運動するために必要なエネルギーになります。でも、のどが渇く**たびに**甘い飲み物を飲むと、砂糖を取りすぎます。また、フライドポテトやポテトチップスは油を使っていますから、毎日食べていると、脂肪の取りすぎになります。砂糖や脂肪を取りすぎると、どんどん太ってしまいます。

私たちは食べないと生きられません。でも、食べすぎやバランスの悪い食生活は健康に悪いです。健康のためには、あなたがいつも食べたり飲んだりしているもの**について**、よく知る必要があります。

では、クイズをしてみましょう。

太った……。

クイズ　ポテトチップス一袋を食べたあと、そのカロリーを歩いて消費するためには、何分くらい歩かなければならないでしょうか。ア～エから選んでください。

　ア 30分　　イ 60分　　ウ 100分　　エ 150分　　バランスのいい食生活

文法 1　－たびに

意味と使い方

例) 私のおばあさんは、 会う たびに、おこづかいをくれる。
　　　　　　　　　　　‖
　　　　　　　　　　いつも

クイズの答え　エ

練習 ＿＿に書きましょう。　　　　　　　　　　ドライマンゴー →

① アンさん：冬休みにベトナムに帰るからドライマンゴーを買ってくるよ。
　　　　　　王さん、好きだよね。
　　王さん　：うん。いつもベトナムに＿＿＿＿＿＿たびに、買ってきてくれてありがとう。
　　　　　　うれしい。
② 小林先生：今日の宿題はこのプリント10枚です。
　　ポンくん：小林先生は授業のたびに、たくさん宿題を＿＿＿＿＿＿＿よね。
　　王さん　：本当！
③ エルダさん：今日も、木村さんは違う服を着ているね。
　　王さん　：うん。木村さんはとってもおしゃれだから、支援教室で木村さんに会
　　　　　　うのが楽しみ。＿＿＿＿＿＿＿たびに、違う服を着ているよね。

文法 ② －について

意味と使い方

例）きのう、社会の授業で 横浜の歴史 について 勉強 しました。
　　　　　　　　　　　　　　A　　　　　　　　B
　　　　　　　　　　　　　AはBの内容・話題

練習 ☐から、選びましょう。

| 化学変化 | 図形 | 文化祭 | 合唱祭 |

11月の文化祭で1組は何をしますか。

支援教室
① 木村さん：11月は中学で文化祭がありますね。
　　王さん　：はい。きのう、ホームルームで
　　　　　　＿＿＿＿＿＿＿について話し合いました。
② 木村さん：アンさん、何を勉強しましょうか。
　　アンさん：理科を教えてください。
　　木村さん：学校でどんな勉強をしているの？
　　アンさん：理科は＿＿＿＿＿＿＿について勉強しています。難しいです。
　　木村さん：そうですか。一緒にがんばりましょう。

30

③ 木村さん：ポンくん、何を勉強しましょうか。
　　ポンくん：きのう、数学で＿＿＿＿＿＿＿について勉強しました。
　　　　　　　来週、テストがありますから復習します。

トピック1　「本文」についての質問

① 砂糖や脂肪を取りすぎるとどうなりますか。
　_____

② 健康のために、何をする必要がありますか。
　_____

トピック2　体を守る―ばい菌がいっぱい

本文

　あなたの手はきれいですか。その手で食べても大丈夫ですか。私たちの手に、ばい菌がたくさんいるそうです。でも、保健の先生によると、手洗いでノロウィルスやインフルエンザウィルスを洗い流せるそうです。外から帰ったときや、食事の前には、石けんで手を洗って、石けんの泡とともにばい菌を水で流しましょう。

　また、「ガラガラうがい」でも風邪やインフルエンザの予防ができるそうです。水を口に入れて上を向いてください。そして、のどの奥まで水を入れて、口を開けて「アー」と言って「ガラガラうがい」をします。「ガラガラうがい」をしたら、口から水を「ペッ」と出してください。このうがいを3回くらいすると、のどの奥もきれいになります。

　手洗いと「ガラガラうがい」で、ばい菌にバイバイ！

文法 3 －によると

意味と使い方

例）王さん：天気予報によると、あしたは晴れるそうだ。

情報源
天気予報です。
あしたは晴れるでしょう。

王さん

練習 ＿＿に書きましょう。

① ＿＿＿＿＿＿によると、ニュージーランドで地震があったそうだ。

7時のニュースです。
6時30分にニュージーランドで大きな地震がありました。

② ＿＿＿＿＿＿によると、ポンくんはインフルエンザだそうだ。

ポンくんはインフルエンザです。

王さん

③ ＿＿＿＿＿＿によると、テニス部は試合に勝ったそうだ。

きのうの試合で桜中テニス部が勝ったよ！

田中くん

④ ＿＿＿＿＿＿によると、うがいと手洗いは大切だそうだ。

うがいと手洗いがとても大切です。

保健の先生

文法 4 －とともに

意味と使い方

例）チェくん：仲間とともに恐竜を倒そう！

　　　　　　　A　‖　B
　　　　　　　一緒に

32

練習　例を見て、線を引きましょう。

例) 石けんの泡とともに
① 休み時間にクラスメートとともに ・
② 大会で優勝するために部活の仲間とともに ・
③ 雨とともに ・
④ 泣いたら涙とともに ・
⑤ 合唱祭で優勝したので友だちとともに ・

・a. 喜んだ。
・b. 風も吹いてきた。
・c. ばい菌を流します。
・d. がんばります。
・e. 鼻水も出た。
・f. 体育館へ行きます。

トピック2　「本文」についての質問

本文の内容と合っていたら○、間違っていたら×をつけましょう。
① (　) 手には、ばい菌がたくさんいる。
② (　) 手を水で洗うとインフルエンザになる。
③ (　) 「ガラガラうがい」をすると、のどの奥がきれいになる。
④ (　) 石けんで手を洗うと、ばい菌を流すことができる。
⑤ (　) 「ガラガラうがい」をしたあと、その水を飲む。

トピック3　体のリズムを作る

本文

　私たちの体の中には時計があります。これを「体内時計」と言います。体内時計は、24時間より長いのですが、太陽の光を浴びたり、朝ご飯を食べたりすることで、1日の長さと同じ24時間に調整されます。ですから、夜遅く寝たり朝ご飯を食べなかったりすると、体内時計が乱れます。そして、体内時計が乱れると体調不良になります。例えば、夜眠れない、風邪をよくひく、いつも疲れている、勉強やスポーツをする元気がなくなる、などが起きます。体内時計が規則正しく動いてくれると、力がもりもり出てきて、脳の働きも良くなって、勉強も部活も遊びも上手くいきます。
　夜寝る前にスマホやゲームをして、眠れなくなったことはありませんか。寝ようと思っても、眠れないのは辛いですね。これは、スマホなどの青い光によって体内時計が乱れることが原因です。寝る前にスマホやゲームをするのは止めましょう。

参考) 文部科学省「早寝早起き朝ごはん」中高生等向け普及啓発資料及び指導者用資料

文法 5 －によって

意味と使い方

例1） 早寝早起き朝ご飯 によって健康な体を作ります。
　　　　　A　　　　　　　　　　　B
　　　　　　　　　　　原因・理由／手段

例2） 歯をみがくこと によって虫歯を防げる。
　　　　　　＝
　　　　　　で

練習　□から、選びましょう。

a. 簡単に外国に行けるようになりました
b. 家や家族を失いました
c. いろいろな国の人と話すことができます
d. 栄養のバランスに関心をもつようになりました

① 津波によってたくさんの人が＿＿＿＿＿＿＿。
② 自分でお弁当を作ることによって＿＿＿＿＿＿＿。
③ 飛行機の発明によって＿＿＿＿＿＿＿。
④ 英語を学ぶことによって＿＿＿＿＿＿＿。

津波

トピック 3　「本文」についての質問

① 体内時計は、何ですか。
　＿＿＿＿＿＿＿＿＿＿＿＿＿＿＿＿＿＿＿＿＿＿＿＿＿＿＿＿＿＿

② 体内時計は何によって調整されますか。
　＿＿＿＿＿＿＿＿＿＿＿＿＿＿＿＿＿＿＿＿＿＿＿＿＿＿＿＿＿＿

③ 寝る前のスマホやゲームは健康にいいですか。a・bのどちらですか。また、どうしてですか。
　[　a. 健康にいい　・　b. 健康に悪い　]
　理由：＿＿＿＿＿＿＿＿＿＿＿＿＿＿＿＿＿＿＿＿＿＿＿＿＿＿＿

感想・意見

あなたは健康のために何をしていますか。○をつけましょう。

① （　　）ケーキなど甘いものをたくさん食べない。

② （　　）ポテトチップスなど油の多いものは食べない。

③ （　　）家に帰ったらすぐ手を洗う。

④ （　　）よくうがいする。

⑤ （　　）朝ご飯を食べる。

⑥ （　　）寝る前にゲームをしたり、スマホを見たりしない。

⑦ （　　）早く寝る。

他に、あなたやあなたの家族が、健康のためにしていることがありますか。本文や練習の漢字を見て、たくさん漢字を使って書いてみましょう。

4課　健康　　*35*

発展

1) 文法5 ーによって

他の使い方もあります。

例)(田中くんは、英語が得意です。ポンくんは数学が得意です。)

　　人によって得意な教科は違います。
　　↑
　　それぞれ違います

2) 擬音語・擬態語

　擬音語は、音や声を表す言葉です。「ガラガラうがい」の「ガラガラ」、「ブクブクうがい」の「ブクブク」、「犬がワンワン吠える」の「ワンワン」などです。

　擬態語は、体や気持ちの様子を表します。「熱があるのでふらふらする」の「ふらふら」、「面接のとき、どきどきする」の「どきどき」、「ご飯をもりもり食べる」の「もりもり」などです。

擬音語

擬態語

5課 「ゆるキャラ」って何？

導入

1. 「ゆるキャラ」って、聞いたことがありますか。
2. どんな「ゆるキャラ」を知っていますか。

トピック 1 「ゆるキャラ」

本文

みなさんは「ゆるキャラ」を知っていますか。「ゆるキャラ」は「ゆるいマスコットキャラクター」という意味です。「ゆるい」は「やわらかい、のんびりしている」という意味で、「ゆるキャラ」はいろいろな地域のマスコットキャラクター**として**、日本の各地の宣伝に役立っています。例えば、九州の熊本県には「くまモン」という「ゆるキャラ」がいます。

また、人気の「ゆるキャラ」たちは、テレビに出たり、テーマソングが作られたりもしています。さらに、オリジナルグッズ**まで**販売されて、彼らはとても忙しいです。「ゆるキャラグランプリ」というイベントもあるんです。

でも、彼らの一番の仕事は、何と言っても(注)彼らのふるさとの宣伝です。「くまモン」といえば熊本県、「ぐんまちゃん」といえば群馬県というように、好きな「ゆるキャラ」のふるさとはみんなが覚えてくれます。そして、みんなそのふるさとに興味を持ってくれるのです。

注）何と言っても：一番は、特に

僕は、「にっしーくん」という名前なんだ。
トピック2で、僕のふるさとを紹介するね。

文法 1 —として

意味と使い方

例）田中くん：僕は3年1組の図書委員としてがんばります。
　　　　　　　　　　　　　役割・立場

5課 「ゆるキャラ」って何？　37

練習1 あなたはどの委員がいいですか。□から、選びましょう。
＿＿＿はあなたについて書きましょう。

```
放送委員    学級委員    体育委員    保健委員
```

私は＿＿年＿＿組の＿＿＿＿＿＿＿＿としてがんばりたいです。

練習2 絵を見て、＿＿に書きましょう。

① 小林先生：王さんのお母さんは何かお仕事をしていますか。
　 王さん　：はい、私の母は、平日は家にいますが、日曜日には
　　　　　　二胡の＿＿＿＿＿＿として公民館で教えています。
　 小林先生：すごいですね！　私も教えてもらいたいです。

② 千葉はらっかせいの産地として有名です。

　 1＿＿＿＿＿＿＿は桃の産地として有名です。
　 静岡は2＿＿＿＿＿＿＿＿＿＿＿＿＿＿＿＿＿。

特産物の産地を言うときも、「として」を使うよ！

文法2 −まで

意味と使い方

例）田中くんは犬が大好きで、お風呂まで一緒に入るそうだ。
　　　　　　　　　　　　　　　↑
　　　　　　　　　　　　驚いたとき使います。

田中くん

練習 絵を見て、＿＿に書きましょう。

① チェくん：アンさん、＿＿＿＿＿＿まで食べたの!?
　 アンさん：うん。チェくんは食べないの？

アンさん　チェくん　骨

38

② 小林先生：転入生のカルロスくんはポルトガル語、英語、
　　　　　　　さらに＿＿＿＿＿＿まで話せるんですよ。
　みんな　　：すごーい！

③ 王さん　　：田中くんは、テニス、サッカー、バスケが上手なんだよ。
　　　　　　　＿＿＿＿＿＿までできるんだって。
　カルロスくん：すごい！ スポーツマンなんだね！
　　　　　　　　かっこいい！

トピック 1　「本文」についての質問

① 「ゆるキャラ」は何に役立っていますか。
＿＿＿＿＿＿＿＿＿＿＿＿＿＿＿＿＿＿＿＿＿＿＿＿＿＿＿＿

② 「ゆるキャラ」はどうして忙しいですか。
＿＿＿＿＿＿＿＿＿＿＿＿＿＿＿＿＿＿＿＿＿＿＿＿＿＿＿＿

③ 「ゆるキャラ」の一番の仕事は何ですか。
＿＿＿＿＿＿＿＿＿＿＿＿＿＿＿＿＿＿＿＿＿＿＿＿＿＿＿＿

トピック 2　にっしーくん

僕は、「西」の漢字から作られているんだよ。分かる？

本文

　「にっしーくん」は、神奈川県川崎市にある久地西町という町のマスコットキャラクターです。この町に住んでいる高校生の女の子が、「にっしーくん」を発案しました。西町の「西」の漢字を使っているんですよ。「にっしーくん」のイラストをよく見てください。「西」に見えませんか。
　そして、「にっしーくん」は、久地西町の活動をみんなに知ってもらおうと話し合ったこと**をきっかけに**生まれました。運動会や、イベントで着るTシャツには、「にっしーくん」が描かれています。「にっしーくん」を見て、久地西町に親しみをもってもらう**わけ**ですね。
　久地西町では、今、「にっしーくん」の着ぐるみを作る計画があります。お祭りや運動会で、「にっしーくん」と握手したり、一緒に写真を撮ったりできたら、楽しいでしょうね。

5課 「ゆるキャラ」って何？　39

文法 3 －をきっかけに

意味と使い方

例) ポンくん：僕は スーパーマリオ をきっかけに日本のゲームが好きになりました。

□ が ～ の原因／転機

10才　　　　　　　　　　　　15才 (今)

スーパーマリオ、おもしろい！

日本のゲームが好き

日本のゲームが好き♡

初めて、日本のゲームをした

練習 絵を見て、＿＿に書きましょう。

① チェくん：最近、カルロスくんと仲がいいね。
　ポンくん：隣の席になったの**をきっかけに**
　　　　　　　＿＿＿＿＿＿＿＿なったんだ。

② 木村さん：アンさん、最近、絵を習い始めたそうですね。
　アンさん：はい、文化祭でポスターを描いたの**を**
　　　　　　きっかけに＿＿＿＿＿＿始めました。

③ カルロスくん：エルダさんはダンスが上手だね！
　　　　　　　　何がきっかけでダンスを始めたの？
　エルダさん　：道で＿＿＿＿＿＿のを見たの**をきっかけに**始めたの。

すごい！

文法 4 −わけだ

意味と使い方

例）アンさん：え!? 60kg！
　　　　　　毎日ポテトチップスを一袋食べていたから……　→　太る　わけだ。
　　　　　　　　　　　　　　　　　　　　　　　　　　　　　　　　　↑
　　　　　　　　　　　　　　　　　　　　　　　　　　　　　　　　納得

練習　どちらか選びましょう。

① 木村さん：夏休み、何をしていたの？
　 チェくん：韓国に帰って、毎日友だちと海へ行きました。楽しかったです！
　 木村さん：それは、良かったですね。
　　　　　　それでそんなに肌が［　a. 黒くなった　・　b. 白くなった　］わけですね。

② エルダさん：ポンくん、すごい！ テスト100点！
　 ポンくん　：えへへ……寝ないでたくさん勉強したんだ！
　 エルダさん：それでテストが［　a. 良かった　・　b. 良くなかった　］わけだ。

③ 小林先生：どうして毎日遅刻するんだ？ いつも眠そうだし。
　 チェくん：すみません。
　 小林先生：夜、何をしているんだ？
　 チェくん：夜ゲームをしていて……それで寝るのが3時頃になるんです。
　 小林先生：それじゃ、毎日［　a. 寝られない　・　b. 眠い　］わけだ。

トピック 2　「本文」についての質問

① 「にっしーくん」は何をきっかけに生まれましたか。

_____

② どうしてTシャツに「にっしーくん」が描かれていますか。

_____

③ 本文の内容と合っていたら○、間違っていたら×をつけましょう。

　　1 （　　）「にっしーくん」は高校生の名前だ。
　　2 （　　）「にっしーくん」は着ぐるみがある。
　　3 （　　）「にっしーくん」はイベントや運動会のTシャツに描かれている。

トピック3 「ゆるキャラ」大活躍

本文

　年に1回、「ゆるキャラ」のお祭りが開かれます。それが「ゆるキャラグランプリ」です。「ゆるキャラグランプリ」では、みんなに投票してもらい、その年に人気がある「ゆるキャラ」をランキングで発表します。「ゆるキャラグランプリ」にエントリーする「ゆるキャラ」は、今1,000近くあります。海外からのエントリーもあります。すごいですね！　びっくりしてしまいます。

　ところで、なぜ日本で「ゆるキャラ」が人気なのでしょうか。日本では、昔から、山や川のような自然や動物などにも魂があると考えられています。このように、人間だけでなく、「もの」にも人間性（＝キャラクター）を感じることが、「ゆるキャラ」が人気のある理由の一つだと言えるでしょう。

　みなさんの住んでいる地域の「ゆるキャラ」はどんな「ゆるキャラ」ですか。みなさんの生まれた国や地域にも「ゆるキャラ」がいるかもしれませんよ。

ポンくん

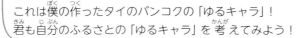
僕の国の「ゆるキャラ」はムエタイシというんだ。

これは僕の作ったタイのバンコクの「ゆるキャラ」！
君も自分のふるさとの「ゆるキャラ」を考えてみよう！

文法 5 －てしまう

意味と使い方1

いろいろな気持ちを表すよ！

例1）チェくん：先生、すみません。宿題のプリントを家に忘れてしまいました。
↑「大変だ、残念だ、困る」

例2）テストで100点を取ってしまった。
↑「驚いた、照れる」

テストで100点を取りました。
100点は普通。

練習1 絵を見て、＿＿に書きましょう。どんな気持ちだと思いますか。＿＿に書きましょう。

① 田中くん：チョコを1＿＿＿＿＿＿＿＿しまった……。
　チェくん：いいな。
　田中くんの気持ち2＿＿＿＿＿＿＿

② 王さん：エルダさんの歌を聞いて、1＿＿＿＿＿＿＿＿……。
　アンさん：すごく上手だものね！
　　　　　感動するよね！
　王さんの気持ち2＿＿＿＿＿＿＿

③ チェくん：あ……隣の家の窓ガラスを1＿＿＿＿＿しまいました。
　チェくんの気持ち2＿＿＿＿＿＿＿

④ エルダさん：あ！財布を家に1＿＿＿＿＿＿＿。
　エルダさんの気持ち2＿＿＿＿＿＿＿

5課 「ゆるキャラ」って何？　43

⑤　アンさん：わあ！
　　　　　　　太って、1_____。
　　　　　アンさんの気持ち2_____

意味と使い方2

「終わった」、「完了した」を強調します。
「速い！」「たくさん！」などの気持ちのとき、使います。

例）チェくんは5分で数学の 宿題をして しまいました。

練習2　＿＿に書きましょう。

① 木村さん：きのうあげた本、読んでいますか。

　　アンさん：もう_____しまいました。

　　木村さん：え！　速いわね～。

② 王さん　　：カルロスくん、またポテトチップス食べているの？　いつも食べているね。

　　カルロスくん：僕、ポテトチップスが大好きで、毎日3袋食べるんだ！

　　王さん　　：ええ!!　それは、食べすぎだよ！

　　（30分後）

　　王さん　　：木村さん、カルロスくんは毎日ポテトチップスを
　　　　　　　　3袋_____そうです。

　　木村さん：え！　それは食べすぎね！

　　王さん　　：そうですよね。

44

練習3 ___に書きましょう。
本文の「びっくりしてしまう」は"意味と使い方"1と2のどちらですか。

_____

文法 6 －だけでなく

意味と使い方

例）カルロスくんは ポルトガル語 だけでなく、英語 も上手です。
　　　　　　　　　　A　　　　　　　↑　　B
　　　　　　　　　　　AもBも両方（Bを強調）

練習 ___に書きましょう。

① 保健室の先生：肉だけでなく、_____も食べましょう。
　　生徒　　　　：はーい。

② 小林先生：来週は期末試験です。みなさん、得意な科目だけでなく、
　　　　　　_____もがんばりましょう。
　　生徒　　：はい。

③ アンさん：木村さん、これ、私が作ったケーキです。食べてください。
　　木村さん：あら、ありがとう。ケーキが好きなのは知っていたけど、アンさんはケーキを1_____だけでなく、自分で2_____のも好きなんですね。

トピック 3 「本文」についての質問

① 「ゆるキャラグランプリ」というのは何ですか。

_____

② 「ゆるキャラグランプリ」は日本の「ゆるキャラ」だけのお祭りですか。

_____

感想・意見　本文や練習の漢字を見て、たくさん漢字を使って書いてみましょう。

トピック1～3を読んで、「ゆるキャラ」についてどう思いましたか。（好きな「ゆるキャラ」は何ですか。ふるさとの「ゆるキャラ」は見つかりましたか。）

_____

_____

_____

_____

発展

文法5　－てしまう

話すときよく使う形

食べ｜てしまいます｜⇒食べ｜ちゃう｜　／　書い｜てしまいます｜⇒書い｜ちゃう｜

飲ん｜でしまいます｜⇒飲ん｜じゃう｜　／　読ん｜でしまいます｜⇒読ん｜じゃう｜

練習　友だちと一緒に読んでみましょう。

① 姉：あれ？　ここにあったジュースは？
　　妹：私が飲んじゃった。

② チェくん：あれ？　田中くんは？
　　王さん　：帰っちゃったよ。

6課 笑顔の秘密

導入

1. 人は、一日に何回ぐらい笑うと思いますか。
2. あなたは一日に何回ぐらい笑っていますか。

トピック 1　笑顔の違い

A　　B

本文

　上の2枚の絵はどちらも笑顔ですが、少し違いますね。どちらが魅力的な笑顔に見えますか。
　日本のある大学で笑顔の研究注をしたところ、次のようなことが分かったそうです。魅力的な笑顔は、まず目が笑って細くなっていて、口が半月の形に広がっているそうです。ですから、BはAに比べて魅力的な笑顔に見えるのです。それから、子どものときにあまり「うれしい」とか「楽しい」と思わずに大人になった人は、笑顔を作るのが得意じゃないことも分かったそうです。
　みなさんは、どんなふうに笑うでしょうか。にこにこ、げらげら、ワハハ……いろいろな笑い方がありますが、笑顔を見ると、楽しい気持ちになりますね。みなさん、たくさん笑って、笑顔のすてきな大人になってください。

注）早稲田大学人間科学部「好印象を与える笑顔とは」『新鐘』No.82 pp.28-31 より

文法 1　-たところ

意味と使い方

例）交番に 行った ところ、落とした財布が届いていた！
　　　　　‖　　　　　　　　　　　　　　　→ た形
　　〜たら、(何かが分かった、何かが変わった)

6課　笑顔の秘密　47

練習 絵を見て、＿＿＿に書きましょう。

① 玄関のドアを＿＿＿＿＿＿＿ところ、人が立っていてびっくりした！

② ＿＿＿＿＿＿＿＿＿＿＿ところ、地震のニュースをやっていた。

③ 僕の祖父は、シャンプーを変えてみたところ、＿＿＿＿＿＿＿＿＿＿そうだ。

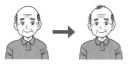

④ 家庭科で習った料理を家で1＿＿＿＿＿＿＿＿＿ところ、みんなが

　2＿＿＿＿＿＿＿＿＿と言ってくれた！

文法 ② AはBに比べて

意味と使い方

例) 私のクラスは、他のクラスに比べてにぎやかだと思う。

　　　　　　　　　＝
　　　　　　　　　より

　　　　　　　＞
　　　　　　にぎやか

　　私のクラス　　　　　他のクラス

練習1 どちらか選びましょう。

① うちの犬は、隣の犬に比べて小さいです。
　小さいのはどちらですか。[a. うちの犬　・　b. 隣の犬]

② 去年に比べて今年はちょっと寒いです。
　寒いのはどちらですか。[a. 今年　・　b. 去年]

③ 九州は東京に比べてラーメンが安い。
　ラーメンが高いのはどちらですか。[a. 九州　・　b. 東京]

練習2 どちらか選びましょう。

木村さん：今日も雨ですね……。今年は去年に比べて雨の日が多いですね。
　　　　　バドくんの国の気候は日本に比べてどうですか。

バドバトルくん：モンゴルでは雨がほとんど降りません。
　　　　　　　　そして冬は、最高気温でも-15℃です。
　　　　　　　　横浜は、一番寒い日でも-1℃ぐらいです
　　　　　　　　から、モンゴルに比べて1 [a. 寒い　・
　　　　　　　　b. 暖かい] です。

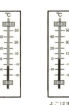
モンゴル　横浜

木村さん：そうなんですか。驚きました。他に違うことはありますか。

バドバトルくん：いろいろなものの値段が私の国に比べて
　　　　　　　　2 [a. 高い　・　b. 安い] です。

モンゴル¥10　横浜¥200

「と比べて」という言い方もあるよ。

練習3 あなたの出身国と日本のいろいろなことを比べて書きましょう。

例）チェくん：私の国の料理は、日本の料理と比べて辛いです。

　　　　　：私の国の_____は、日本の_____
　　　と比べて_____。

6課　笑顔の秘密　49

文法 ③ －ずに

意味と使い方

例）今朝は時間がなかったので、朝ご飯を 食べ ずに学校へ行った。

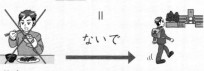

※する⇒せずに　例）先週末は 外出せ ずに、ずっと家にいました。

練習　保健だよりを読みましょう。□から選んで、＿＿に書きましょう。

取らずに　・　せずに　・洗わずに　・　食べずに

保健だより　12月

12月になって、とても寒くなりました。風邪に気をつけましょう！
健康のために
① 朝ご飯を食べましょう
　朝ご飯を＿＿＿＿＿学校へ来るのは、健康に良くないです。しっかり食べましょう。
② 手洗い・うがいをしましょう
　手を＿＿＿＿＿ご飯を食べると、ばい菌が体に入って、病気になりやすいですよ。石けんで手を洗ってください。
③ 水分を取りましょう
　冬はあまりのどが渇きません。でも、長い時間水分を＿＿＿＿＿いると、体の中の水が足りなくなってしまいます。2～3時間にコップ1杯の水を飲みましょう。
三つを守って、元気に過ごしましょう！

トピック1 「本文」についての質問

本文の内容と合っていたら○、違っていたら×を書きましょう。
① (　　) 魅力的な笑顔は、目が丸く大きくなっていて、口が半月の形になっています。
② (　　) 笑顔を作るのが得意じゃない大人もいます。
③ (　　) 笑い方はみんな同じです。

トピック2 笑顔と健康

本文

　人間は子どもの頃、一日に400回もほほえむと言われています。なんと注1、お母さんのおなかの中にいる赤ちゃんも笑っているそうです。でも、大人になると、笑う回数が減って、例えば、大人の女性の笑う回数は一日平均約13.3回だという調査注2があります。

　では、笑顔は寿命に影響があるのでしょうか。アメリカの大学の研究チームが、プロ野球選手の顔写真を調べたところ、笑顔で写っている選手の平均寿命は79.9才でした。一方、笑顔ではない選手の平均寿命は72.9才だったことが分かりました注3。つまり7才の差があったわけです。

　最近のさまざまな研究によって、笑顔にはストレスを減らしたり、血圧を下げたりするなど、健康への良い効果があることが分かりました。「笑い療法」と言って、患者さんに落語を聞かせる病院まであるそうです。

注1) なんと：驚いたり、感心したりしたことを言うときに使う。
注2)「日本人女性の笑顔に関する調査」(株式会社アテニア2015年2月20日発表)より
注3) Abel and Kruger (2010) より

文法 4　Aは…。一方、Bは…。

意味と使い方

例) チェくん：日本では、ちゃわんを持ってご飯を食べる。一方、私の国では、ちゃわんを持たずにご飯を食べる。

練習1 どちらか選びましょう。

① 私は数学が苦手だ。
一方、私の親友は [a. 数学が苦手だ ・ b. 数学が得意だ]。

② 日本に来る留学生は [a. 減っている ・ b. 増えている]。一方、海外へ留学する日本人は減っている。

③ 食べ物がなくて困っている人たちがいる一方、[a. 食べ物を捨てる人たちもいる ・ b. 野菜を育てている人もいる]。

④ 私の母は [a. あまり話さない ・ b. よくしゃべる]。一方、父は無口でほとんど話さない。

練習2 あなたと友だちや兄弟姉妹、あなたの国の学校と日本の学校を比べて、反対のところや違うところを探して書きましょう。

① 😊：＿＿＿＿＿＿＿＿＿＿＿＿＿は＿＿＿＿＿＿＿＿＿＿＿＿＿。
　　一方、＿＿＿＿＿＿＿＿＿＿＿＿＿＿＿＿＿＿＿＿＿＿＿。

② 😊：＿＿＿＿＿＿＿＿＿＿＿＿＿は＿＿＿＿＿＿＿＿＿＿＿＿＿。
　　一方、＿＿＿＿＿＿＿＿＿＿＿＿＿＿＿＿＿＿＿＿＿＿＿。

文法 ⑤ AはBを−せる・させる／AはBにCを−せる・させる

意味と使い方

例) サッカー部の3年生は1年生をたくさん走らせます。**使役（命令・強制）**

形) 使役形

1グループの動詞	行かな<s>い</s>＋せる⇒行かせる
2グループの動詞	食べな<s>い</s>＋させる⇒食べさせる
3グループの動詞	する⇒させる　くる⇒こさせる

練習1　どちらか選びましょう。

① 先生は眠そうな生徒に本を読ませました。
　→本を読んだのは？　[　a. 先生　・　b. 生徒　]
② 先生は生徒におもしろい本を読んであげました。
　→本を読んだのは？　[　a. 先生　・　b. 生徒　]
③ 先生は生徒にメールを読まれました。
　→メールを読んだのは？　[　a. 先生　・　b. 生徒　]
④ 田中くんは弟にジュースを買いに
　[　a. 行かれます　・　b. 行かせます　]。

弟　田中くん

練習2

部活の先輩や先生、家族は、あなたにどんなことをさせますか。
書きましょう。

_____

_____

6課　笑顔の秘密　53

トピック 2 「本文」についての質問

① 大人と子ども、どちらのほうが笑う回数が多いですか。

② なぜ、病院で患者さんに落語を聞かせるのですか。

トピック 3 笑顔の効果

本文

おいしいものは脳に良い刺激を与えてくれると言います。例えば、チョコレートを食べると、脳に幸せな気持ちを感じさせる刺激が起こるそうです。笑顔にも、チョコレートと同じように脳に幸せを感じさせる効果があると言います。さらに、楽しくなくても、笑顔を作るだけで、笑ったときと同じ効果があるそうです。

よく、あくびは伝染すると言われますが、笑顔も人にうつります。誰かが笑っているのを見て、おかしくない**のに**笑ってしまうことはないですか。友だちが笑っている姿を見て、あなたまでなぜか楽しい気持ちになった経験があるのではないでしょうか。

家族とけんかしているから笑えないとか、楽しいことなんて[注1]何もないと思ったときがチャンスです。笑ってみましょう。そして隣の人を笑わせて[注2]みましょう！

注1）なんて：驚いたり、すごい・信じられない・とてもいい・とても嫌だと感じることを表す。
注2）笑わせる：使役

文法5で勉強した使役とは、使い方がちょっと違うよ。
7課で勉強しよう。

文法 6 -のに

意味と使い方
例) 暑いのに、どうして窓を開けないんですか。

どうして〜？

残念だなあ、どうしてだろう？ などの強い気持ちだよ。

練習1　□から、選びましょう。

a. よく遅刻する　　b. 約束を守る　　c. 70点だった

d. インフルエンザになった　　e. 学校へ行くの

① 100点だと思っていた**のに**、＿＿＿＿＿＿。

② 松田くんは、家が近い**のに**、＿＿＿＿＿＿。

③ 王さん　　：今日は日曜日な**のに**、＿＿＿＿＿＿？

　　ポンくん：うん、みんなで文化祭の準備をするんだ。

④ 予防注射を受けた**のに**、＿＿＿＿＿＿。

注射

練習2　＿＿＿に書きましょう。

① 友だちと約束をしました。1時間待った**のに**、＿＿＿＿＿＿＿＿＿＿＿＿。

② きのうがんばって＿＿＿＿＿＿＿＿**のに**、持ってくるのを忘れてしまいました。

宿題　→

トピック3　「本文」についての質問

本文の内容に合っていたら○、違っていたら×を書きましょう。

① （　　）チョコレートを食べると、みんな笑顔になります。

② （　　）笑顔を作るだけで、本当に笑ったときと同じ効果があります。

③ （　　）笑っている人を見ると、見た人も笑顔になります。

♥感想・意見　あなたは誰の笑顔が見たいですか。どうしてですか。

🌱発展

3人以上の友だちにインタビューして答えを書きましょう。

私は友だち＿＿＿＿＿＿人にインタビューしました。

① 好きな食べ物について聞いたところ、＿＿＿＿＿＿＿＿と答えた人が一番多かったです。

② ＿＿＿＿＿＿＿＿と＿＿＿＿＿＿＿＿のどちらが好きか聞いたところ、

　　＿＿＿＿＿＿＿＿と答えた人が多かったです。

③ ＿＿＿＿＿＿＿＿＿＿＿＿＿＿聞いたところ、＿＿＿＿＿＿＿＿＿＿＿＿＿。

6課　笑顔の秘密　　55

7課 世界のこと

導入

1. あなたの家や学校にはトイレがありますか。世界中のすべての家にトイレがあると思いますか。
2. 授業中、先生の質問に答えるときや先生に質問があるとき、あなたはどのように手を挙げますか。他の国の人も同じだと思いますか。
3. 他の国の人がいいと思っている日本の学校のシステムは何でしょうか。

トピック 1　世界のトイレ

本文

　私が外国旅行に行ったときの話です。レストランで食事をしたあと、トイレに行きたくなりました。店の中の「トイレ」という表示に沿って進んで行ったところ、なんと、店の外に出てしまいました。店の外は、広い野原で、「トイレ」はありません。店員に聞くと、その野原が「トイレ」だと言います。私はとても驚きました。今まで、家やレストランの中にトイレがあるのが当たり前だと思っていたからです。そこで初めて、自分の生活が当たり前ではないことに気づきました。
　世界にはトイレを使えない人たちが24億人注もいます。そのため、夜、暗いのに外へ出なければならなかったり、衛生の問題で感染症になったりすることがあります。そこで、国際機関やNGOがトイレを作るプロジェクトを進めています。
　自分が普段「当たり前」だと思っていることは、他の国では当たり前ではないことかもしれません。学校に行くのは「当たり前」でしょうか。肉を食べるのは「当たり前」でしょうか。「当たり前」を疑ってみてください。

注）2015年6月30日ユニセフプレスリリースより

文法 1　−に沿って

意味と使い方

例）作り方の順番に沿ってやってみたら、ひとりでカレーが作れました。

と同じに

練習　□から、選びましょう。

> a. 教科書　　b. 屋台が並んでいました
> c. 英語の本　d. うちのネコがいました

① きのうはお祭りでした。道に沿って_____。

② _____の手順に沿って実験をしました。

③ 足あとに沿って歩いて行ったら、_____。

トピック1　「本文」についての質問

本文と合っていたら○、違っていたら×を書きましょう。
① (　) 筆者の家にはトイレがある。
② (　) 家にトイレがある人は、世界で24億人だ。
③ (　) トイレがないと、病気になることがある。

トピック2　身振り

本文

　私たちは普段の生活の中で、いろいろな身振りを使います。何気なく使っているものですが、国が違うと、使う身振りも違います。
　例えば、ドイツをはじめ、ヨーロッパの国では、生徒が先生の質問に答えるとき、人差し指を立てることが多いです。日本の学校のように、手のひらを広げて頭の上に挙げる動作は、ナチスを連想させるので、良くないそうです。
　面接を受けるとき、日本では、いすに座って足を組むのは良くないと言われます。でも足を組んだほうがいい国もあるそうです。それは、「私はリラックスしていますよ」という印象を与えるからです。
　国によって身振りの意味は違いますから、気をつけたほうがいいかもしれませんね。

ドイツ　日本

7課 世界のこと　57

文法 ② −をはじめ

意味と使い方

例) 中国には、万里の長城をはじめ、たくさんの歴史的な場所がある。

↓
代表

練習1 □から、選びましょう。

| 漫画　　ビタミンC　　イルカ　　ゲーム　　言葉の問題 |

① この野菜には、＿＿＿＿＿＿＿をはじめ、多くの栄養素が入っています。
② チェくんは、『ワンピース』をはじめ、『ドラゴンボール』や『名探偵コナン』など、いろいろな日本の＿＿＿＿＿＿＿を読んだことがあるそうです。
③ 水族館で、＿＿＿＿＿＿＿をはじめ、熱帯魚やクラゲなどいろいろな海の生物を見た。
④ 外国で生活していると、＿＿＿＿＿＿＿をはじめ、大変なことがたくさんある。

練習2 あなたや友だちの出身地の代表的な食べ物や観光地は何ですか。どんなものがあるか教えてください。

例) 日本には、東京ディズニーランドをはじめ、京都や富士山など有名な観光地があります。

① 😊：＿＿＿＿＿＿＿さんの出身地には、＿＿＿＿＿＿＿をはじめ、
　　　［　有名な　・　きれいな　・　おもしろい　］観光地がたくさんあります。
② 😊：私の国には、＿＿＿＿＿＿＿をはじめ、＿＿＿＿＿＿＿や
　　　＿＿＿＿＿＿＿などのおいしい料理がたくさんあります。

文法 ③ AはBを—せる・させる

6課で勉強した「使役形」を使うけど、ちょっと使い方が違うんだ。

意味と使い方

例) ポンくんは、いつもおもしろいことをして、僕を笑わせます。（僕は笑います）

おもしろいことをしているのはポンくん。
笑っているのは、僕。

形) 使役形

1グループの動詞	行かない＋せる⇒行かせる
2グループの動詞	食べない＋させる⇒食べさせる
3グループの動詞	する⇒させる　くる⇒こさせる

「泣かせる、驚かせる、喜ばせる、悲しませる、安心させる、怒らせる」
など、相手の感情を変えるときよく使うよ。

練習　絵を見て、どちらか選びましょう。

① エルダさんはルイくんを
　[a. 驚かれました　・　b. 驚かせました]。

② 僕の弟は、よくいたずらをしてお母さんを 1 [a. 怒ります　・　b. 怒らせます]。
　お母さんに怒られると、弟はすぐ
　2 [a. 泣きます　・　b. 泣かせます]。

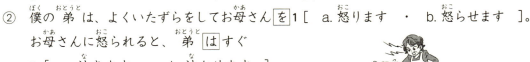

トピック 2　「本文」についての質問

① 本文と合っていたら○、違っていたら×を書きましょう。
　1　(　)日本の学校では、手を挙げるとき、指を一本立てます。
　2　(　)日本で面接を受けるときは、足を組んだほうがいいです。
　3　(　)他の国で、自分の国で使っている身振りをしたら、失礼かもしれません。
② あなたの出身地の身振りを友だちや先生に一つ紹介してください。（見せてください。）

7課 世界のこと

③ 日本とあなたの出身地で、同じ身振りだけれど意味の違うものがありますか。

___

トピック 3 　掃除の時間

本文

　みなさんの学校では、誰が教室やトイレの掃除をしていますか。世界の多くの学校では、掃除専門のスタッフが掃除をします。一方、日本の小学校や中学校では、生徒が自分たちで教室や学校の中を掃除しています。みなさん**にとって**は、面倒かもしれませんが、他の国の人たちは「この習慣はとてもいい」と考えてくれているそうです。

　ではいったい、どのような点がいいのでしょうか。まず、自分たちの教室をきれいに使おうという気持ちが生まれます。そうすると外に出たときにも、街をきれいに保**とうとします**。それは、誰かが掃除してくれていることを知っているからです。次に、机を運んだり、ぞうきんをしぼったりすることで、バランスよく筋肉を動かす訓練になります。他にも、自分の役割を果たす重要性や、友だちとコミュニケーションをとることの大切さなどに気づくこともできるんですよ。みなさん、掃除の時間が少し好きになりましたか。

文法 4 　－にとって

意味と使い方

例）シャワーは、僕にとって気持ちいいものだ。
　　　　↓
　　　立場
でも、うちのネコにとっては嫌なものみたいだ。

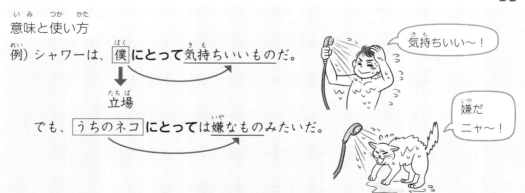

60

練習1 ＿＿＿に入る人を別冊3ページの登場人物リストから選んで、書きましょう。

① ＿＿＿＿＿＿＿：次の授業は数学だ！ やった！

アンさん　：私にとっては、次の授業は地ごくだよ。

② エルダさん：王さんにとっては、1＿＿＿＿＿＿は易しいでしょう？ うらやましいな。

王さん　　：そうね。でも、エルダさんにとっては、2＿＿＿＿＿＿が易しいでしょ？

エルダさん：そうね。

ヒント！ 得意なことを見るといいよ。

練習2 ＿＿＿に書きましょう。

① このボタンは、大人にとっては押しやすいですが、

＿＿＿＿＿＿＿＿にとっては押しにくいです。

② いろいろなマークがありますが、みんなにとって分かりやすいマークはどれとどれですか。

a.　　　　　　　　b. 禁煙 No smoking　　　　c.　　　　　　　　d. 非常口 EXIT →

みんなにとって分かりやすいのは1＿＿＿＿＿＿＿＿＿と＿＿＿＿＿＿＿＿＿です。

なぜなら2＿＿＿＿＿＿＿＿＿＿＿＿からです。

練習3 ＿＿＿に書きましょう。

王さん：私にとっての宝物は家族です。あなたにとっての宝物は何ですか。

　　　：＿＿＿＿＿＿＿＿にとっての宝物は＿＿＿＿＿＿＿＿＿です。

練習4 ＿＿＿に書きましょう。

日本人にとって簡単でも、日本で生活する外国人にとって大変なことは何だと思いますか。

＿＿＿＿＿＿＿＿＿＿＿＿＿＿＿＿＿＿＿＿＿＿＿＿＿＿＿＿＿＿＿＿。

7課 世界のこと　61

文法 5 －うとする

意味と使い方

例) 赤ちゃんはがんばって 立とう とする。
　　　　　　　　　　　　実現できるようにがんばる、試みる

形) 動詞 [意向形] とする

1グループの動詞	行く⇒行こう　読む⇒読もう
2グループの動詞	食べる⇒食べよう　寝る⇒寝よう
3グループの動詞	する⇒しよう　くる⇒こよう

練習1　　　から、選びましょう。

なろう　止めよう　助けよう　乗ろう　やせよう

① 海でおぼれている人を＿＿＿＿＿＿として自分も飛び込むのは危険だ。
② 私の友だちは、プロのサッカー選手に＿＿＿＿＿＿としてがんばっています。
③ アンさんは、太ったので、＿＿＿＿＿＿としています。
④ バスに＿＿＿＿＿＿としてがんばって走ったけど、間に合わなかった。

練習2　あなたが今、がんばっていることは何ですか。チェック☑をつけましょう。

☐ 日本人の友だちと日本語で**話そう**としている。
☐ 苦手な科目もがんばって**勉強**しようとしている。
☐ いつも友だちのいいところを**見つけよう**としている。
☐ 朝、目覚まし時計が鳴る前に**起きよう**としている。
☐ 体力や筋力を**アップ**させようとしている。

トピック3 「本文」についての質問

① 本文と合っていたら〇、違っていたら×を書きましょう。
　1（　　）世界には、中学生が自分たちで学校を掃除しない国もある。
　2（　　）掃除をすると、自分の教室をきれいに使おうとする気持ちが生まれる。
　3（　　）他の国の人たちは、生徒が自分で掃除する習慣がいいと思っているようだ。
② 自分で学校を掃除すると、なぜ外に出たときも街をきれいにしようとするのですか。
　_____
③ 掃除をすると、どんないいことがあると言っていますか。
　_____

感想・意見　本文や練習の漢字を見て、たくさん漢字を使って書いてみましょう。
あなたの出身地では当たり前だと思っていたけれど、日本では違ったことは何ですか。
教えてください。

....
....
....

発展

文法5　－うとする

「－うとする」には、他の使い方もあるよ。
例）夕日が沈もうとしているね。（夕日が沈み始めた。もうすぐ全部沈む。）

例）弟がホットケーキを食べようとしている。（食べる直前の状態）

「何かが始まったり終わったりする、少し前」という意味だよ。

7課　世界のこと

8課 スピーチをしよう！

導入

人前で話をするのは好きですか。嫌いですか。

- 好き ⇒ OK！ すぐにスピーチできるよ！
- 嫌い ⇒ 前を見てゆっくり話すことができる？
  - できる ⇒ OK！ いつもより大きい声でがんばろう。
  - できない ⇒ 大丈夫。グループで練習したら、できるようになるよ。

トピック 1　話題を決めよう

本文

先生　　：これからスピーチの練習をします。みなさん、スピーチとおしゃべりの違いは分かりますか。スピーチ**とは**みんなに自分の思いや考えを伝えることです。今回のテーマは「私の好きなもの」です。みんなに自分を知ってもらうために、自分の好きなものについて話してみましょう。

田中くん：先生、好きなもの**なら**何でもいいんですか。

先生　　：はい。好きな食べ物、好きなスポーツ、好きなアニメ、好きな場所、何でもいいです。自分のテーマが決まったら、内容を考えましょう。

文法 1　－とは

意味と使い方

例) <u>ゆるキャラ</u>**とは**、ゆるいマスコットキャラクターのことです。
　　　A　　　　　　　　　　　　　　B
　　　　　　　Aの説明、定義

64

練習1 どちらか選びましょう。

① 親友とは [a. 親の友だち ・ b. とても仲のいい友だち] のことです。

② 自然数とは [a. 1, 2, 3…のような正の整数 ・
b. …-1、0、1…のような整数] のことです。

練習2 ◻ から、選びましょう。

　四角形　　　　長方形　　　　平行四辺形　　　ひし形

| 直角 | 直線 | 平行四辺形 | ひし形 |

① 長方形とは、四つの角がすべて_____の四角形のことです。
② _____とは、四つの辺の長さがすべて同じ四角形のことです。

「……とは～ことです」←よく一緒に使います。

文法 2　-なら

意味と使い方

例) 田中くん：あしたは部活がないから、ひまだ……。
　　ポンくん：ひまなら一緒に公園に行こうよ。あした、いい天気だって。
　　田中くん：いい天気なら海に行きたいな。
　　　　　　　　A　　　　　B
　　　　　　　　AだったらB

「-なら」の前　名詞　　　　天気だ　⇒　天気なら
　　　　　　　い形容詞　　暑い　　⇒　暑いなら
　　　　　　　な形容詞　　ひまだ　⇒　ひまなら
　　　　　　　動詞辞書形　行く　　⇒　行くなら

8課 スピーチをしよう！　65

練習 ＿＿＿に書きましょう。

① 田中くんのお母さん：あしたポンくんと海に行くの？ もし雨だったらどうするの？

　田中くん　　　　　：＿＿＿＿＿＿＿＿**なら**家にいる。

② かばん屋

　王さん：黒いかばんがほしいんですが、ありますか。

　店の人：黒いかばんは今ありません……。

　　　　　＿＿＿＿＿＿＿＿**なら**ありますよ。

③ 王さん　　：私、春休みに中国に帰る。

　エルダさん：いいね。中国に＿＿＿＿＿＿＿**なら**

　　　　　　　中国のお菓子を買ってきてね！ 私、大好きだから。

　王さん　　：OK！

④ 田中くんのお父さん：ずっとゲームしているけど、宿題が＿＿＿＿＿＿＿**なら**

　　　　　　　　　　　　先にやりなさい。

　田中くん　　　　　　：もう終わったよ。

トピック 1 「本文」についての質問

① スピーチとは何ですか。

＿＿＿＿＿＿＿＿＿＿＿＿＿＿＿＿＿＿＿＿＿＿＿＿＿＿＿＿＿＿＿＿

② 今回のスピーチのテーマは何ですか。

＿＿＿＿＿＿＿＿＿＿＿＿＿＿＿＿＿＿＿＿＿＿＿＿＿＿＿＿＿＿＿＿

③ スピーチの具体的な例を書いてください。

＿＿＿＿＿＿＿＿＿＿＿＿＿＿＿＿＿＿＿＿＿＿＿＿＿＿＿＿＿＿＿＿

トピック 2 スピーチメモを作り、練習しよう

本文

先生：それでは、スピーチメモを作ります。好きになったきっかけや理由、エピソードなどを書いていきましょう。メモをそのまま読むのではありません。その**メモをもとに**スピーチをします。できたら、グループごとに順番に練習しましょう。どう**すれば**、みんなに分かりやすくて良いスピーチになるか考えましょう。

スピーチメモ（王雪）

スピーチの始め	これから私の好きな場所について話します。
話題（タイトル）	私の好きな場所、支援教室
好きになった理由	何でも話せる場所。いろいろな国から来た友だちがいる。みんなといると、がんばろうという気持ちになる。
エピソード	・教室に行く途中に財布を落とした。 ・修学旅行の持ち物が分からなかった。
スピーチのまとめ	支援教室のおかげで日本の生活が楽しくなった。
スピーチの終わり	これで私のスピーチを終わります。

文法 3　－をもとに

意味と使い方

例）この映画は、漫画をもとに作られました。
　　　　　　　　　└─ 材料・原因

安以宇衣於 → あいうえお
阿伊宇江於 → アイウエオ

練習1　＿＿＿に書きましょう。

① 平仮名や片仮名は＿＿＿＿＿＿＿＿をもとに作られました。

② 1＿＿＿＿＿＿や2＿＿＿＿＿＿で調べたことをもとにレポートを書きました。

練習2　どちらか選びましょう。

① 先生：再来週から期末テストです。きのうテスト範囲が出ましたね。
　　　　　その [a. 期末テスト ・ b. テスト範囲] をもとに、
　　　　　家で勉強する予定をたてましょう。

② 社会科の先生：今日は日本の工業について勉強します。グループになっていますか。
　　生徒　　　：はい、なっています。
　　社会科の先生：では、教科書の［　a. 資料　・　b. 予定　］をもとに、
　　　　　　　　　みんなで発表をしますので、60ページを見てください。

文法 ④　－ば

意味と使い方

例) 王さん　　：木村さん、この文章の意味が分かりません。
　　木村さん　：そうですか……。もう一回読んでみましょう。
　　　　　　　　よく読め**ば**分かります。
　　　　　　　　　　Ａ　　　Ｂ
　　　　　　　　　ＡしたらＢ

ば形

動詞	1グループ	行く ⇒ 行け**ば**　　読む ⇒ 読め**ば** なる ⇒ なれ**ば**
	2グループ	寝る ⇒ 寝れ**ば**　　食べる ⇒ 食べれ**ば** できる ⇒ できれ**ば**
	3グループ	する ⇒ すれ**ば**　　くる ⇒ くれ**ば**
い形容詞		高い ⇒ 高けれ**ば**　　いい ⇒ よけれ**ば**
～ない		行かない ⇒ 行かなけれ**ば**　　しない ⇒ しなけれ**ば** こない ⇒ こなけれ**ば**　　高くない ⇒ 高くなけれ**ば**

練習　　　に書きましょう。

① 先生　　：田中くん、起きてください！
　　田中くん：すみません、きのう12時に寝たので……眠いです。
　　先生　　：12時！　もっと早く寝ましょう。たくさん＿＿＿＿＿＿ば授業中眠
　　　　　　　くなりませんよ。
　　田中くん：はい、分かりました。

② 王さん　　　：今日は寒いね。これから体育だけど……。
　エルダさん：大丈夫。＿＿＿＿＿＿ば暖かくなるよ。

③ 王さん　　　：どうすれば日本語が上手になりますか。
　小林先生：1＿＿＿＿＿＿だり2＿＿＿＿＿＿たりすれば上手になります。

④ 田中くん：あの新しいゲームがほしいな……。
　ポンくん：僕もほしい。いくらかな……。
　　　　　　高ければ買えないけど、＿＿＿＿＿＿ば買いたいな。

トピック 2 「本文」についての質問

① スピーチメモには何を書きますか。

② 王さんのスピーチのエピソードは何ですか。

トピック 3 スピーチをしよう

本文

　これから、私の好きな場所について話します。私が好きな場所は支援教室です。日本に来て1年ぐらいになりますが、初めは日本で生活する**うえで**分からないことがたくさんありました。そんなときに何でも教えてもらえたのが支援教室です。ここには、私のように外国から来た友だちがたくさんいます。いろいろな国から来ているので、違う国の話を聞いたり、自分の国と日本との違いを話したり、国の学校や友だちの話をしたりすることができます。また、今の学校のことや将来のことを何でも話すことができます。ここで私と同じように、日本語がよく分からない友だちがたくさんいるのを見て、私もがんばろうと思いました。
　あるとき、支援教室に行く途中で財布を落として、とても困りました。支援ボランティアの木村さんが一緒に警察に行ってくれました。もし木村さんがいなかったら、私はどうすればいいか分からなかったと思います。修学旅行の持ち物が分からないときは、先輩に聞くことができました。旅行の様子も聞くことができて、うれしかったです。支援教室の**おかげで**、日本の生活が楽しくなりました。ここは私にとって、とても大切で大好きな場所です。これで私のスピーチを終わります。

8課 スピーチをしよう！　69

文法 5 －うえで

意味と使い方1　← 動詞辞書形

例）職場体験をする うえで 注意することを教えてください。
　　　　A　　　 ∥　　　B
　　　　　AするときにB

練習1 ＿＿に書きましょう。
① 田中くん：日本で生活するうえで大変なことは何ですか。
　　😊　　：日本で生活するうえで大変なことは＿＿＿＿＿＿＿＿＿＿＿＿＿＿です。
② 先生　　：3年生のみなさん、高校見学に行きましたか。いろいろな学校を見たほうがいいですよ。
　　　　　　みなさんが行きたい高校を決めるうえで大切なことは何ですか。
　ポンくん：僕は、先生や先輩が優しいことです。
　田中くん：僕は英語の授業が多いことです。
　王さん　：私は、日本語のサポートがあることです。

🦉 ポンくんや田中くん、王さんが高校を決めるうえで大切なことを話しているね。あなたは何が大切かな？

　　😊　　：高校を決めるうえで大切なことは＿＿＿＿＿＿＿＿＿＿＿＿＿です。

意味と使い方2　← 動詞た形

例）自分の将来について 考えた うえで、進路を決めましょう。
　　　　　　　　　　　　A　　 ∥　　　　　B
　　　　　　　　　　　　AしたあとでB

練習2 ＿＿に書きましょう。

① ポンくん：先生、この漢字が分かりません。
　先生　　：自分で＿＿＿＿＿＿＿うえで、分からなかったら聞いてください。
　ポンくん：はい。

② 3年生のホームルーム

先生：みなさん、志望校は決まりましたか。

これからいろいろな高校で学校見学会や説明会があります。

学校を見たり、説明を聞いたり＿＿＿＿＿＿うえで、志望校を決めましょう。

文法 6 －おかげで

意味と使い方

例）先生の**おかげで**、○○高校に合格できました。ありがとうございました。

A
感謝する対象

B
感謝の内容

練習1 ☐ から、選びましょう。

a. 元気になりました　　b. 嫌いになりました　　c. 咲きました　　d. 上手になりました

① 先輩の**おかげで**、テニスが＿＿＿＿。
② 暖かい気候の**おかげ**で花がたくさん＿＿＿＿。
③ 先週風邪をひいて熱が出ましたが、母が看病してくれた

おかげで＿＿＿＿。

練習2 ☐ から、選びましょう。

a. 数学が好きになった　　b. クラス全員ががんばった　　c. 田中くんが教えてくれた

① 英語が嫌いだったけど、＿＿＿＿**おかげで**、少し好きになった。
② ＿＿＿＿**おかげで**、合唱コンクールで優勝した。

練習3 ＿＿ に書きましょう。

① 先生の**おかげで**＿＿＿＿＿＿＿＿＿。
② 日本人の友だちができた**おかげで**＿＿＿＿＿＿＿＿＿。

8課 スピーチをしよう！ 71

トピック3 「本文」についての質問

① 王さんは、支援教室でどのようなことを教えてもらえたのですか。
_____

② 王さんは、支援教室で違う国の友だちとどんなことを話しますか。
_____

③ 王さんが財布を落としたとき、木村さんは何をしてくれましたか。
_____

感想・意見　本文や練習の漢字を見て、たくさん漢字を使って書いてみましょう。

① 王さんのスピーチを読んで、どう思いましたか。
_____

② あなたなら、トピック1のどのテーマでスピーチをしますか。
_____

発展

1）文法6 －おかげで

いい結果が出たときは「**おかげで**」を使うけど
悪い結果のときは「**せいで**」を使うよ。

例） 友だちの**おかげで**日本語が上手になった。
　　 友だちの**せいで**悪い日本語を覚えた。

練習　＿＿＿に書きましょう。

寝坊した**せいで**＿＿＿＿＿＿＿＿＿＿＿＿＿＿＿＿＿＿＿＿＿＿＿＿。

2）スピーチメモを作（つく）ってみましょう。

スピーチメモ（　　　　）

スピーチの始（はじ）め　これから　　　　　　　　　について　話（はな）します。

話題（わだい）（タイトル）

好（す）きになった理由（りゆう）

エピソード

スピーチのまとめ

スピーチの終（お）わり　これで（私（わたし）・僕（ぼく））のスピーチを終（お）わります。

8課　スピーチをしよう！　　73

9課 役割分担

導入

1. 先週の日曜日、あなたは家で何をしましたか。
2. あなたの家では、料理、洗濯、ごみ捨ては、誰がしますか。下の表に、家事をする人の名前と◎や○を入れてみましょう。

本文

　家族が快適に暮らしていくためには、食事の準備や後片づけ、洗濯や掃除など、いわゆる「家事」をしなければならない。そして、この「家事」は母親がすることが多い。共働きの家庭の場合も、母親は外で働いている**にもかかわらず**、家事のほとんどをしているようだ。

　みんなは、家事をやっているだろうか。特に男子は「僕は男だから、料理はしない。」などと言って、家事を怠けていないだろうか。

　1984年と2011年に、日本**において**、子どもの手伝いについての

家事をしているのは誰？ チェックしてみよう。					
いつもする人は◎、ときどきする人は○をつけよう。					
家事　　　　誰	私				
料理の手伝い					
食事の後片づけ					
食器を洗う					
服やくつなどの洗濯					
洗濯物を干す					
洗濯物をたたむ					
部屋の掃除					
風呂の掃除					
トイレの掃除					
ごみを出す・ごみ捨て					

調査が行われた。その結果をまとめたものが図1だが、27年間の変化が分かる。図1を見ると、1週間に3回以上、手伝いをしている子どもの割合は、家事18項目の平均で31.2%から33.4%とわずかに増えている。おもしろい**ことに**、男女別に見ると、女子は39.6%から36.3%と減少しているが、男子が22.9%から30.6%と7%も増加して、全体では手伝いをする割合が高くなっている。

　さて、家事は家の中の仕事だが、職業においても男女の役割の違いはあるのだろうか。昔は、保育士や美容師というのは女性が多く、電車の運転士は男性が多かったが、今では、男性の保育士や美容師も多いし、女性の運転士もよく見かけるようになった。性別**にかかわらず**、自分のやりたい仕事をしている人が増えているわけだ。

　このように今ではいろいろなことで、男と女の違いはなくなり**つつある**。みんなも「男だから」「女だから」などと考えず、自分の好きなものは何なのか自由に考

えて、自分らしい生き方を見つけよう。

図1 (子どもが週3回以上) 手伝う割合の変化

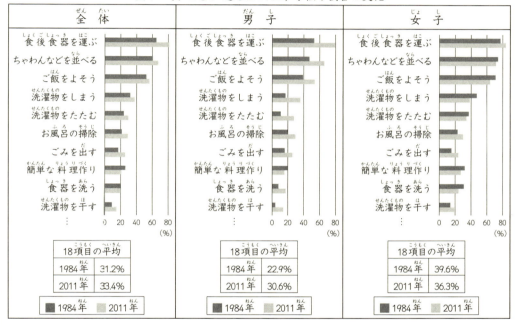

「花王 生活者研究センター調べ」
家事18項目から抜粋
出典：くらしの研究® https://www.kao.co.jp/lifei

文法 1 －にもかかわらず

意味と使い方

　　　　A　　　　　　　　　B
例) 雨にもかかわらず、サッカーの試合が行われた。
　　 ∥
　　 雨なのに／でも

　　 A なのに／でも B

9課 役割分担　75

練習1 絵を見て、＿＿に書きましょう。

① 先生：では、テストを返します。＿＿＿＿＿＿＿問題にもかかわらず、みなさんがんばりました。よくできましたよ。

生徒：私もがんばったから、いい点数かな……。

② 体育の先生：今日は柔道をします。まず、よく見ていてください。彼女は、体が＿＿＿＿＿＿＿にもかかわらず、大きい相手を投げることができるんですよ。

③ ＿＿＿＿＿＿＿にもかかわらず、父は仕事に行った。

練習2 どちらか選びましょう。

① 彼は優勝したにもかかわらず、[a. うれしそうです ・ b. うれしそうではありません]。

② 母はお金がないにもかかわらず、たくさん [a. 買い物をしました ・ b. 買い物をしませんでした]。

③ あのレストランは高くてまずいにもかかわらず、いつも [a. 客でいっぱいだ ・ b. 客がいない]。

④ 祖父は70才にもかかわらず、[a. 家でのんびり暮らしている ・ b. 毎週、20km走っている]。

⑤ 勉強しなかったにもかかわらず、チェくんはテストで [a. 0点を取った ・ b. 100点を取った]。

文法 2　－において／－における＋[名詞]

意味と使い方

例1) 卒業式は、体育館において行われます。
　　　　　　　　＝
　　　　　　　で　「体育館で」

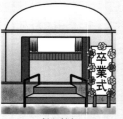
体育館

例2) 職業において、男女の役割の違いはあるのだろうか。
　　　　＝
　　　　に　「職業に」

76

例3) 江戸時代における 人々の生活 について調べてみよう。
　　　　＝　　（名詞）
　　　　の　「江戸時代の 人々の生活」

練習 □から、選びましょう。

| スピーチ大会　リオデジャネイロ　災害時　家庭　2018年度　体育館 |

① 校内放送

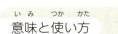　　＿＿＿＿＿＿＿において、3時より音楽部の演奏が始まります。みなさん、集まってください。

② 地震などの＿＿＿＿＿＿＿においては、この非常階段を使っても良い。

③ 2016年、ブラジルの＿＿＿＿＿＿＿において、オリンピックが開催されました。

④ ＿＿＿＿＿＿＿における交通事故での死亡者数は、約4,000人だった。

⑤ ＿＿＿＿＿＿＿における男女の役割の違いは何だろう。

文法 3　－ことに

意味と使い方

例1) 親友が帰国して、さびしい。

　　→ さびしい ことに、親友が帰国した。
　　　 気持ち

初めに気持ちを言います
その気持ちを強調します

例2) きのう勉強したところがテストに出たのは、ラッキーだった。

　　→ ラッキーな ことに、きのう勉強したところがテストに出た。
　　　 気持ち

9課　役割分担　77

練習1 ☐から、選びましょう。

うれしい　悲しい　困った　悔しい　驚いた

① ＿＿＿＿＿＿＿＿＿ことに、ずっと会いたかった友だちに会えた。
② ＿＿＿＿＿＿＿＿＿ことに、0.01秒差で負けてしまいました。
③ ＿＿＿＿＿＿＿＿＿ことに、かわいがっていたペットが死んでしまった。涙が止まらなかった。
④ ＿＿＿＿＿＿＿＿＿ことに、家の鍵をなくしてしまった。
⑤ ＿＿＿＿＿＿＿＿＿ことに、オセロの大会で、小学生が大人のチャンピオンに勝った。

オセロ

練習2 次の文を読んで、下の問いに答えましょう。

① これはフランスの古いお話です。きれいな女の人と野獣の王子が結婚したので、驚きました。
(問い) 驚いたことは、何ですか。次の文の形で書きましょう。
驚いたことに、＿＿＿＿＿＿＿＿＿＿＿＿＿＿＿＿＿＿＿＿＿。

② 「マッチ売りの少女」の話を知っていますか。貧しい女の子が、寒い日にマッチを売りに行きます。その女の子は、最後に死んでしまって、かわいそうでした。
(問い) かわいそうなことは、何ですか。次の文の形で書きましょう。
かわいそうなことに、＿＿＿＿＿＿＿＿＿＿＿＿＿＿＿＿＿＿。

③ 庭に、栗と柿の木があります。毎年、栗はたくさんできますが、柿は全然できません。でも、今年は、柿の実がたくさんできました。なぜだか、分かりません。不思議です。
(問い) 不思議なことは、何ですか。次の文の形で書きましょう。
不思議なことに、＿＿＿＿＿＿＿＿＿＿＿＿＿＿＿＿＿＿＿
＿＿＿＿＿＿＿＿＿＿＿＿＿＿＿＿＿＿＿＿＿＿＿＿＿＿＿。

栗
柿

文法 4 ‒にかかわらず

意味と使い方

例) カラオケは 年齢 にかかわらず、楽しむことができます。♪

□ と関係なく

13才　40才　80才

年齢にかかわらず＝何才でもOK。13才も40才も80才もみんなOK！

文法1の「〜に も かかわらず」には、「も」があるよ。
意味が全然違います。

練習1　□ から、選びましょう。

季節	性別	好き嫌い	国籍	距離

① このバスは、乗った＿＿＿＿＿＿＿にかかわらず、料金は同じです。

② 室内プールは＿＿＿＿＿＿＿にかかわらず、泳ぐことができる。

③ ＿＿＿＿＿＿＿にかかわらず、ボクシングを楽しむ人が増えてきた。

④ ＿＿＿＿＿＿＿にかかわらず、教育を受ける権利がある。

練習2　＿＿に書きましょう。

① 天気がいい悪いにかかわらず、＿＿＿＿＿＿＿＿＿＿＿＿＿＿＿＿＿＿＿＿。

② お金の有る無しにかかわらず、＿＿＿＿＿＿＿＿＿＿＿＿＿＿＿＿＿＿＿＿。

③ 好きか嫌いかにかかわらず、＿＿＿＿＿＿＿＿＿＿＿＿＿＿＿＿＿＿＿＿。

9課　役割分担　79

文法 5 －つつある

意味と使い方

例) 今、日本の人口は、減りつつある。

日本の人口の変化
2015年以降推計値

変化が始まったときに使います。変化の途中

風邪は治りつつあります。

今、少し良くなった

「だんだん」、「徐々に」と一緒に使うことが多いです。

練習　どちらか選びましょう。

① 日本の平均気温は、[a. 上がり ・ b. 下がり]つつある。

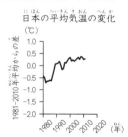
日本の平均気温の変化

② 3月だ。公園の桜のつぼみが、[a. 小さく ・ b. 大きく]なりつつある。

つぼみ

③ 2003年、パンダは約1600頭でした。2015年は約1900頭になり、徐々に[a. 減り ・ b. 増え]つつあります。

文法 6 －らしい

意味と使い方

例) A：今日は暖かいし、風が気持ちいいね。
　　B：本当に、春らしい天気だね。

　　　□の特徴がある。典型

練習 答えましょう。

① あなたにとって、日本らしい食べ物は何ですか。
　私はとうふだと思います。
_____

② あなたにとって、先生らしい先生は誰ですか。
_____

③ あなたの国で、夏らしい食べ物はありますか。あったら、教えてください。
_____

注意：今日は春らしい天気です。　←今、春です。
　　　今日は春のような天気です。　←今、春ではありません。（2課）

「本文」についての質問

① 「おもしろいことに」とありますが、何がおもしろいことですか。
_____

② 1984年から2011年に、女子が手伝いをする率が低くなったのに、どうして全体で、手伝いをする割合が高くなりましたか。
_____

③ あなたの国で、男性、または女性の割合が高い職業は何ですか。
_____

感想・意見 本文や練習の漢字を見て、たくさん漢字を使って書いてみましょう。
本文の図1を見て、あなたの考えや感想を書きましょう。

_____
_____
_____
_____

9課　役割分担

10課 地震

導入

1. 地震を経験したことがありますか。経験したことがある人はどうでしたか。
2. 右のステッカーを知っていますか。

本文

日本は地震が多い国だ。1995年の阪神・淡路大震災や2011年の東日本大震災では広い範囲**にわたって**、大きな被害があった。

東日本大震災は2011年3月11日に起こった。このとき、地震で道路や建物が壊れた。それだけでなく、津波や火災も発生し、東北**から**関東に**かけて**の太平洋側で多くの人が亡くなった。

津波

火災

阪神・淡路大震災と東日本大震災の最大震度は7だった。地震の揺れの強さは「震度（0～7）」という言葉を使って表す。数字が大きくなれ**ばなるほど**、揺れが強い。

震度6以上の地震が起こると、立っていることができなくなる。家の中では家具が動いたり、倒れたりする。外では建物の窓ガラスが割れて落ちて**きたり**、塀が倒れてきたりする。

もし地震が起こったら、どうしたらいいだろうか。まず自分の身を守ろう。机やテーブルの下に入って、上から落ちてくるものから頭と体を守る。そして、揺れが収まったら、安全な場所へ避難しよう。みなさんは家の近くの避難場所はどこか確認し**てある**だろうか。また、安全な場所へ避難するためにはテレビやラジオ、インターネットなどから正確な情報を得ることが大切だ。

このステッカーを見たことがあるだろうか。大きな災害が発生したら、電車やバスが止まり、多くの人々が職場や学校から帰れなくなる。東日本大震

災では多くの人が家まで歩いた。時間が経つ**につれて**、歩いて帰る人の数はどんどん増えた。このようなときに、このステッカーが貼ってあるコンビニやガソリンスタンドでは水をもらえたり、トイレを貸してもらえたり、災害の情報を教えてもらえたりする。「災害時帰宅支援ステーション」というそうだ。

それから、町にたくさんある自動販売機の中には、災害が起こったときに、飲み物を誰でも無料で取り出すことができるようになるものがある。

学校から帰るとき、近くのコンビニや自動販売機について調べておくといいかもしれない。

文法 1　－にわたって／－にわたり

意味と使い方

例1) 境川の水の調査は 10年 にわたり続いた。
　　　　　　　　　長い期間

例2) 神奈川県全域 にわたって、インフルエンザが流行した。
　　　広い場所

練習1
あなたはどのくらいが長いと思いますか。自分で考えて、時間や期間を＿＿＿に書きましょう。

① ＿＿＿＿＿＿＿＿にわたって、お祭りが続いた。
② 事故で＿＿＿＿＿＿＿＿にわたって、電車が止まった。

練習2
絵を見て、＿＿＿に書きましょう。

＿＿＿＿＿＿＿＿全域にわたり、台風の大きな被害があった。

10課　地震　83

文法 ② －から－にかけて

意味と使い方

例1）祖母が 今月から来月 にかけて日本に来ます。
    だいたいの期間

今月   来月

例2） 中華街から山下公園 にかけて、工事が行われる。
    だいたいの場所

中華街

山下公園

「AからBまで」は、期間や場所がはっきりしているよ。
例）冬休みは12月23日から1月7日までだ。

練習 絵を見て、＿＿＿に書きましょう。

① 仙台は朝から夕方にかけて、
   雨が＿＿＿＿＿＿＿＿＿＿。

	6時	9	12	15	18	21	24
仙台	☔	☔	☔	☔	☔	☁	☁

② 王さん　　：どの季節が好きですか。
   　　　　　　私は冬が好きです。

   木村さん：私は1＿＿＿＿＿＿＿＿から2＿＿＿＿＿＿＿＿＿

   　　　　　にかけての季節が好きです。きれいな花がたくさん

   　　　　　咲きますから。

③ 今日は＿＿＿＿＿＿＿＿から九州にかけて、雨が降ります。

④ 先生：あしたの午前中は、1組と2組のみんなでボランティア活動をします。

   生徒：何をしますか。

   先生：1＿＿＿＿＿＿＿＿から2＿＿＿＿＿＿＿＿にかけて、花を植えます。

文法 ③ －ば －ほど

意味と使い方

例1) <u>食べれ**ば**</u> <u>食べる</u>**ほど**太ります。
　　　　A　　　　B

「たくさんAすると、B」

例2) かばんは<u>軽けれ**ば**</u> <u>軽い</u>**ほど**楽です。
　　　　　　　　A　　　　B

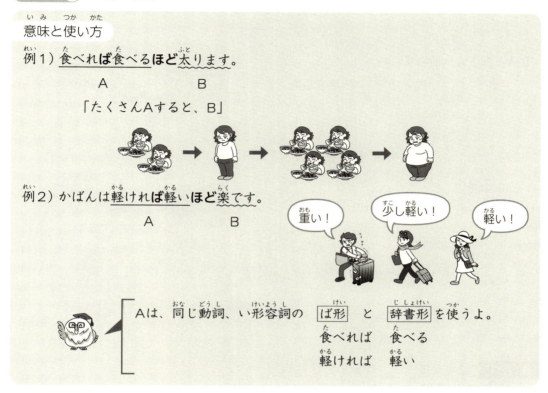

Aは、同じ動詞、い形容詞の ば形 と 辞書形 を使うよ。
食べれば　食べる
軽ければ　軽い

練習　＿＿に書きましょう。

① 先生　　：漢字を書け**ば**＿＿＿＿＿＿**ほど**上手になりますよ。
　 エルダさん：はい。

② 田中くん：一緒に＿＿＿＿＿＿**ば**遊ぶ**ほど**ポンくんのことが好きになる！
　 ポンくん：へへ、ありがとう！

③ チェくん：王さんのうちからコンビニまで近いんだね。
　 王さん　：うん。コンビニは＿＿＿＿＿＿＿＿＿＿**ほど**便利だよね。

④ 王さん　：中間テスト、難しかったね。先生は易しいって言っていたのに。
　 田中くん：うん。テストは＿＿＿＿＿＿＿＿＿＿**ほど**いいよね。

⑤ 王さん　：アンさん、お誕生日おめでとう！ケーキを食べよう。
　 アンさん：わあ、大きいケーキ！やっぱりケーキは＿＿＿＿＿＿＿＿**ほど**
　　　　　　うれしいね。
　 チェくん：太るよ……。

文法 ④ －てくる

意味と使い方1

例1）王さん：疲れました～！
　　　　　　学校まで 走って きました。
　　　　　　　　　走りながら来ました

例2）先生　：今日の授業の予習をしてきましたか。
　　　王さん：はい。
　　　　　　　教科書を 読んで きました。
　　　　　　　　　読んでから来ました

例3）先生：大きな地震のとき、ものが上から 落ちて きます。

練習1 絵を見て、＿＿に書きましょう。

① 先生　　：田中くんは学校まで走っ**てきた**そうですよ。
　　　　　　チェくんは？
　　チェくん：僕は＿＿＿＿＿＿＿＿＿＿＿＿＿＿＿＿＿。

② 先生　　：チェくん、朝ご飯をちゃんと食べ**てきました**か。
　　チェくん：はい、＿＿＿＿＿＿＿＿＿＿＿＿＿＿＿＿＿。

③ 先生：宿題は作文です。来週までにこの紙に
　　　　＿＿＿＿＿＿＿＿＿＿＿＿＿＿てきてください。

④ 先生：あしたの2時間目はマラソンをします。
　　　　体操服を＿＿＿＿＿＿＿＿＿＿＿＿＿ください。

意味と使い方2

例）先生：だんだん 寒くなって きましたね。
　　　　　　　　　変化の開始

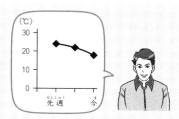

練習2 絵を見て、＿＿に書きましょう。

① 木村さん：日本の生活は楽しいですか。

　　ポンくん：はい、＿＿＿＿＿＿＿＿＿＿＿＿＿＿＿＿ので、楽しくなって**きました**。

② 木村さん：あっ、もう5時ですよ。帰りましょう。

　　王さん　：はい。外が＿＿＿＿＿＿＿＿＿＿＿＿＿＿**てきました**ね。

今

文法 5 −てある

意味と使い方

例）ポンくん：あっ！　黒板に絵が 描い**て** **ある** よ。
　　　　　　　描く＋ある

　　　　　　　　　　　　描きました　　今もあります

田中くん：本当だ。
　　　　　誰が描いたのかな。上手だね。

練習 ＿＿に書きましょう。

① 王さん　：お母さん、きのう頼んだ英語のノートを買っ**てある**？

　　お母さん：ええ、ちゃんと＿＿＿＿＿＿＿＿＿＿＿＿＿＿わよ。

② 田中くん：ただいま！　まだ5時だけど、おなかがすいちゃった！

　　お母さん：もう晩ご飯を＿＿＿＿＿＿＿＿＿＿**てある**よ。

　　　　　　　食べましょう。

③ 先生　　　：アンさん、文化祭のポスターを廊下に貼っておいてくださいね。

　　アンさん：もう＿＿＿＿＿＿＿＿＿＿＿＿＿＿。

　　先生　　　：そうですか。ありがとう。

④ 先生　　　：来週から三者面談ですから、お母さんに話しておいてくださいね。

　　ポンくん：大丈夫です。もう＿＿＿＿＿＿＿＿＿＿＿＿＿＿。

10課　地震　　87

文法 6 －につれて

「学校生活編」の17課：「～くなる／になる」や
「～ようになる」を復習してからやってみよう！

意味と使い方

例) 暖かくなる**につれて**、花がたくさん咲きますよ。
　　　A　　　　　　　　　B
　　　Aが<u>変化すると</u>、Bも<u>変化する</u>

練習1 絵を見て、＿＿に書きましょう。

① ＿＿＿＿＿＿＿＿＿＿につれて、体重が増える。

② 台風が近づくにつれて、雨と風が＿＿＿＿＿＿＿＿＿＿。

③ 時間が経つにつれて、＿＿＿＿＿＿＿＿＿＿。

練習2 あなたのことを書きましょう。

① 😊：＿＿＿＿＿＿＿が上手になるにつれて、＿＿＿＿＿＿＿が好きになった。

② 😊：＿＿＿＿＿＿＿につれて、＿＿＿＿＿＿＿。

「本文」についての質問

① 東日本大震災のとき、どんなことが起こりましたか。

＿＿＿＿＿＿＿＿＿＿＿＿＿＿＿＿＿＿＿＿＿＿＿＿＿＿＿＿＿＿＿
＿＿＿＿＿＿＿＿＿＿＿＿＿＿＿＿＿＿＿＿＿＿＿＿＿＿＿＿＿＿＿
＿＿＿＿＿＿＿＿＿＿＿＿＿＿＿＿＿＿＿＿＿＿＿＿＿＿＿＿＿＿＿

② このステッカーがある場所を何と言いますか。

_____

③ 上のステッカーがある場所ではどんなことができますか。

_____

_____

♥ 感想・意見 本文や練習の漢字を見て、たくさん漢字を使って書いてみましょう。

①か②に答えてください。
①地震を経験したことがありますか。どうでしたか。まず、何をしましたか。
②地震の経験がない人は、地震が起こったとき、何をしようと思いますか。

_____

_____

_____

_____

🌱 発展

困ったとき…
　災害が起こったとき、外国人が多い地域では、外国の人のための支援があるよ。
　例えば、横浜市では、「横浜市外国人震災時情報センター」に相談すると、英語や中国語で答えてくれたり、大切な情報を多言語に翻訳して知らせてくれたりするよ。ハングル、スペイン語、ポルトガル語、タガログ語もあるそうだよ！

避難のきまりを守ろう！
人がたくさんいる場所では、ルールを守って、
安全に、早く、避難しよう。

10課 地震　89

11課 手話の世界

導入

下のイラストは耳の聞こえない人たちのコミュニケーションの方法です。どんな意味だと思いますか。
a〜cの中から選んでください。［ a.ごめんなさい　b.ありがとう　c.おいしい ］

① （　）　② （　）　③ （　）

本文

　君たちは「手話」を知っているだろうか。手話とは耳の聞こえない人たちがコミュニケーション手段として使うものだ。彼らは言葉を声に出して話すのではなく、手話で会話する。だが、もし今君が「ああ、手で話すから手話というんだ。」と思ったとしたら、それは少し違う。彼らが使うのは、手だけではないからだ。表情や動作や目線なども使ってコミュニケーションを図る。

　そしてそんな彼らの文化習慣も私たちのものとは少し違う。例えば、手話では「田中くん」とか「王さん」とか、名前で話題の人物を表現しない。「田中くんは優しいね。」と言う代わりに「あの目の大きい男子は優しいね。」と表現する。名前はあまり意味を持たないのだ。どうしてだろう。それは視覚で理解をしているからだ。

　また、友だちと一緒に電車に乗ったら、彼らは隣どうしに座るより正面に座ることを選ぶ。手話で話すには正面のほうが話しやすいからだ。他には、スポーツの試合などで、両手を上げて、空中でひらひら動かしている人たちを見たことはないだろうか。それは彼らの拍手だ。

　このように、コミュニケーションの手段が違えば、文化や習慣も違う。それは、言葉の違う国から来た君たちも共感できるだろう。

　中国語を使う君、タイ語を使う君、日本に来てカルチャーショックを受けたこともあったに違いない。でも、その原因は国が違うからだけではないのだ。手話を使う日本人がいるように、日本という同じ国に住んでいても、文化や習慣に違いがある。君たちの国の地域の言葉を思い浮かべてほしい。いわゆる「方言」というものだ。

「導入」の答え　①b　②a　③c

同じ国でも地域によって、使う言葉が違う。そして文化や習慣にも違いがあるだろう。日本の東京と大阪を例に挙げよう。「ありがとう」は大阪では「おおきに」だし、「だめ」は「あかん」だ。また、習慣の違いの例を挙げると、エスカレーターを利用する**にあたって**、大阪では左ではなく右に立つし、マクドナルドは大阪では「マクド」だが、東京では「マック」だ。君の住んでいる地域ではどうだろうか。

つまり、私たちはどこにいても、このような言葉や文化、習慣の違う人たちと何気なく毎日一緒に過ごしているのだ。今、君の隣にいる人とは何か違いがあるだろうか。そんな小さな発見を楽しんでみるのもいいだろう。

文法 1 −としたら

意味と使い方

例）美術の時間

先生　　：みなさん、来週は友だちの顔を描きます。誰を描くか決めておいてください。

ポンくん：うーん、僕は 友だちの顔を描く としたら、田中くんを描きたいな。
　　　　　　　　　　　　　↑
　　　　　　　　　　　仮定条件

練習　　　に書きましょう。

① 美術の先生：友だちの顔を描く**としたら**、誰を描きたいですか。

　アンさん　：私は友だちの顔を描く**としたら**、田中くんを描きたいです！

　：私は＿＿＿＿＿＿＿＿＿＿＿＿としたら、＿＿＿＿＿＿＿＿＿＿を描きたいです。

② 美術の先生：あなたは＿＿＿＿＿＿＿＿＿としたら、何を描きたいですか。

　：私は＿＿＿＿＿＿＿＿＿＿＿を描きたいです。

11課　手話の世界

③ 先生　　：みなさん、あさっての自然教室で大山に行きますが、お昼ご飯は何を作りましょうか。

チェくん：みんなでお昼ご飯を＿＿＿＿＿＿＿＿＿としたら、カレーがいいと思います。

ルイくん：そうですね。僕もカレーがいいと思います。

④ 王さん：あした田中くんの誕生日なんだけど、＿＿＿＿＿＿＿＿＿をあげるとしたら、何がいいと思う？

😊　：そうねえ、プレゼントねえ……。＿＿＿＿＿＿＿＿＿がいいんじゃない？

⑤ 先生：高校では、部活は何部に入りたいですか。

😊　：まだ分かりませんが、もし＿＿＿＿＿＿＿＿＿としたら、

＿＿＿＿＿＿＿＿＿部に入りたいです。

文法 ②　－には

意味と使い方

例）日本語を上手に話すには、毎日たくさん日本語を使うことが重要だ。

⇑　　　　　＝
目的　　　ためには

練習　＿＿に書きましょう。

① 虫歯を防ぐには、＿＿＿＿＿＿＿＿＿＿＿＿＿＿＿＿＿＿＿＿＿＿。

② 高校に入るには、＿＿＿＿＿＿＿＿＿＿＿＿＿＿＿＿＿＿＿＿＿＿。

③ ＿＿＿＿＿＿＿＿＿＿＿＿＿＿＿＿＿には、お金を払わなければならない。

④ ＿＿＿＿＿＿＿＿＿＿＿＿＿＿＿＿＿には、飛行機に乗るのが一番便利だ。

⑤ 数学の先生：$X ÷ 3 = Y$、このとき、Yを4にするには、Xをいくつにすればいい？

チェくん　：Yを1＿＿＿＿＿＿＿には、Xを2＿＿＿＿＿＿＿にすればいいです。

92

文法 3 −ないだろうか

意味と使い方

例) 祖母はひとりで中国の家にいる。 さびしく **ないだろうか**。
=
さびしい だろう ／ さびしい と思う
控えめな、弱い主張

練習　Aさんは、a, bどちらだと思っていますか。

① A：兄は、高校の勉強、アルバイト、そして部活、父の手伝いをしている。大変じゃ**ないだろうか**。
　　a. 大変だと思っている
　　b. 大変じゃないと思っている

② A：君は盲導犬を連れて歩いている人を見たことが**ないだろうか**。
　　a. 見たことがあると思っている
　　b. 見たことがないと思っている

③ A：みんな、一日中遊びたく**ないだろうか**。私は遊びたい。
　　a. みんな、遊びたくないだろう
　　b. みんな、遊びたいだろう

文法 4 −に違いない

意味と使い方

例)（小説）財布が盗まれたとき、この部屋にいたのは村田だけだった。
犯人は村田 に違いない。
　　↑
　強い確信
犯人は絶対に村田だと思う

11課　手話の世界　93

練習1 小説の中で、刑事たちが財布を盗んだ犯人を考えています。下の絵を見ながら＿＿に書きましょう。

刑事A 「村田は犯人じゃないと思う。彼は金持ちだから、財布を盗む必要がない。」
刑事B 「じゃ、誰が犯人だと思うんだ？」
刑事A 「1＿＿＿＿＿＿に違いない。きのう友だちに『買い物をしすぎて、お金がない』と言っていたそうだ。」
刑事C 「私は、犯人は2＿＿＿＿＿＿に違いないと思います。」
刑事B 「どうしてだ？」
刑事C 「友だちにお金を借りて、1000万円の車を買ったからです。お金に困っているそうです。」
刑事A・B 「そうか。それは怪しいな。」

練習2 ＿＿に書きましょう。

① あの店はいつもお客が少ない。
きっと＿＿＿＿＿＿＿＿＿に違いない。

② 王さんがとてもうれしそうだ。
きっと＿＿＿＿＿＿＿＿＿に違いない。

③ また宿題を忘れてしまった……。
きっと＿＿＿＿＿＿＿＿＿に違いない。

「きっと〜に違いない」←よく使います。

文法 ⑤ －てほしい

意味と使い方

例）

一つ持ってほしい……。

エルダさん　ポンくん

「ほしい」を覚えていますか。
例）私はかわいいスカートがほしい。
　　僕はスマホがほしい。

「－てほしい」も同じ！
「持ってほしい」＝「（ポンくんが）持つ＋ほしい」

「－ないでほしい」も使えるよ。
メアリさん：あの先生、宿題多いよね。
ポンくん　：うん。たくさん宿題を出さないでほしいよね。

練習1 ＿＿に書きましょう。 〔に〕

王さんの希望

① 私は お母さんに おいしい料理を＿＿＿＿てほしいです。

② 私は お父さんに 新しいくつを＿＿＿＿てほしいです。

③ 私は1＿＿＿＿数学を2＿＿＿＿＿＿。

④ 私は1＿＿＿＿歌を2＿＿＿＿＿＿。

ポンくん
エルダさん
王さん

11課　手話の世界　95

練習2 誰がしますか。＿＿に書きましょう。

① 田中くん：アンさんにもっとテニスの練習をして**ほしい**んだ。

　　ポンくん：どうして？

　　田中くん：今度ダブルスを組んで、一緒に試合に出るから。

　　　　　　　　　　　　　　　　　　　　　　練習するのは＿＿＿＿＿＿＿

② チェくん：ねえ、王さん、田中くんに電話して**ほしい**んだけど。

　　王さん　：私が？

　　チェくん：うん……。けんかして、たぶん、僕が電話しても、出ないと思うから。

　　　　　　　　　　　　　　　　　　　　　　電話するのは＿＿＿＿＿＿＿

練習3 あなたの希望を書きましょう。

① 私／僕は＿＿＿＿＿＿＿に＿＿＿＿＿＿＿＿＿＿（て／で）**ほしい**です。

② 私／僕は＿＿＿＿＿＿＿に＿＿＿＿＿＿＿＿＿＿**ないでほしい**です。

文法 ⑥　－にあたって／－にあたり

意味と使い方

例）校長先生：みなさん、あしたからの 体育祭 にあたって、注意があります。

　　　　　　　　　　　　　　↑
　　　　　　　　　　　　　場面

「～にあたって／にあたり」は、入学式や体育祭、全校集会など大きい行事で使います。

96

練習 ☐から、選びましょう。

卒業する　開会　高校受験　修学旅行

① 卒業式のあと

学級委員：先生、_____にあたって、僕たちから先生に感謝の気持ちとして、色紙を書きました。受け取ってください。

② ホームルーム

3年生の先生：あしたの午後、_____にあたっての説明会がありますから、このプリントをお母さんやお父さんに見せてください。

③ 全校集会

3年生の先生：来週月曜日からの_____にあたって、3時から学年集会を開きます。
3年生は体育館に集合してください。

④ 体育祭

司会の先生：_____にあたり、校長先生からごあいさつをいただきます。

「本文」についての質問

本文の内容について答えましょう。

① 耳の聞こえない人たちは、何でコミュニケーションを図りますか。

_____

② 耳の聞こえない人たちが、話題の人物を名前で表現しないのはなぜですか。

_____

③ 合っていたら○、間違っていたら×をつけましょう。
　1　(　　) 手話を使って話す人と声を使って話す人は文化が少し違う。
　2　(　　) 方言とは外国語のことだ。
　3　(　　) 使う言葉が違うとき、文化も違うことがある。
　4　(　　) 同じ国の人は、みんな同じ文化や習慣を持っている。

11課　手話の世界　　97

感想・意見 本文や練習の漢字を見て、たくさん漢字を使って書いてみましょう。

本文を読んで、手話についてどう思いますか。

_____

_____

_____

_____

発展

あなたの周りには、どんな文化や習慣の違いがありますか。

「日本人と〇〇人」、「隣の人と私」、「私の国の学校と日本の学校」、
「私の国と日本」、「お母さんと私」……いろいろあるね！

| _____ と _____ の違い |

_____

_____

_____

_____

_____

12課 環境問題

導入

1. 今、あなたの国では、川や海や空気などが汚れて問題になっていますか。
2. あなたの国に、数が少なくなってしまった動物はいますか。

本文

みなさんは、日本の夏が昔より暑くなっているのを知っているだろうか。昔の日本では、夏、夕方雨が降ったら、涼しくなったものだ。しかし、現在、自然が少なくなった都会では、夜になっても暑くて、24時間エアコンをつけた**まま**という家もある。日本の夏はそれほど暑くなっている。

変わったのは夏の気温だけではない。日本では台風の数も多くなったし、竜巻も起こるようになった。暖冬でスキー場に雪がないというニュースも聞く。こうした異常気象が増えている。

竜巻

では、異常気象の原因は何だろう。その一つは地球の温度が上がることだ。20世紀の100年で平均気温が約1度も上がったそうだ。（これを地球温暖化と言う。）

こうした気象だけでなく、私たちの周りではたくさんの環境問題が起こっている。例えば、畑を作るためや、工場を造るために、世界中の森林が減っている。そして森林が減ると、食べ物がなくなるため、動物たちは私たち人間の作った野菜や果物を食べに来る。そのため、日本では家のすぐ近くに、クマなどの野生動物が出てくるようになった。畑の作物が食べられてしまったり、クマに出あった人がけがをしたりする事件も起きている。しかし、野生動物**にすれば**、食べ物を探しに来ただけなのだ。

また、中国では森林が破壊され、そこに住むパンダが減って、絶滅してしまうかもしれないと言われていた。そこで、パンダ**を**絶滅しそうな動物（絶滅危惧種）**として**保護した。こうやって、保護してきた結果、最近では数が増えているそうだ。そして、世界では同じような取り組みが進められている。社会の発展のために、環境を破壊してしまったら、元には戻せない。

地球は一つしかない私たちの宝物だ。これ以上、環境を破壊する**まい**と強く思って生活しなければならないだろう。あなたは今、環境のために何をしているだろうか。

では、アンケートに答えてください。
あなたはいくつ○がつきますか。

《アンケート》
（　）部屋の電気やゲーム機などをつけたままにしない。
（　）エアコンの温度は、夏は28℃ぐらい、冬は20℃ぐらいにしている。
（　）食事のとき、残さないで食べる。
（　）出かけるときは、水筒を持っていく。
（　）出かけるときは、なるべく自転車に乗るか歩く。
（　）ごみを出すときにペットボトルや紙などをきちんと分けて捨てる。
（　）使わなくなったものは、ほしいと思う人にあげる。
（　）本当に必要かどうか、よく考えてから買う。
（　）買い物に行くときに、マイバッグを持っていく。
（　）使い捨てのものはなるべく買わないようにする。

○が8〜10個の人…環境に優しい人です！
　5〜 7個の人…もう少し環境のことを考えてみましょう。きれいな地球を取り戻せるかもしれません。
　3〜 4個の人…今のままでは地球がどんどん汚れてしまいます。
　1〜 2個の人…このままでは地球に人が住めなくなる**おそれがあります**。今すぐ、環境問題をなくすために、行動してください。

文法 ① －まま

意味と使い方
　　　　　　　　　　　↙動詞た形
例）今朝、部屋の電気を つけた まま、 出かけて しまいました。
　　　　　　　　　　　A　　　　　B
　　　　　　Aの状態で、B（悪い結果）

練習1　□から、選びましょう。

履いた　行った　出した　開けた

① きのう、暑かったので、窓を_____まま、寝てしまった。
② 水を_____まま、歯をみがくと、水がもったいないです。
③ 学校はくつを_____まま、入ってはいけません。上履きで入ってください。
④ 妹が遊びに_____まま、まだ帰ってこないので、みんな心配している。

練習2　絵を見て、____に書きましょう。

① アンさん：あ、雨が降ってきた。
　　木村さん：本当！　洗濯物を_____まま、出てきたから、早く帰らなくちゃ。
② アンさんはサイズのシールを_____まま、出かけて
　　しまいました。

「アンさん、シールを取ったほうがいいよ。」
アンさん

文法2　−にすれば／−にしたら

意味と使い方

例）**生徒**にすれば、夏休みの宿題は少ないほうがいいだろう。
　　↑
　−の立場では

練習　□から、選びましょう。

お母さん　生徒　エルダさん　先生

① エルダさん：英語のテストどうだった？　易しかったね。
　　ポンくん　：_____にすれば、このテストは難しくなかったと思うけど、僕は
　　　　　　　　難しかったよ。

12課　環境問題　101

② 先生A：あしたの授業では、ニュースを見ようと思うんだ。
　　　　　＿＿＿＿にすれば、ニュースなんておもしろく
　　　　　ないだろうけど。
　　先生B：そうですね。でも、社会を知ることも大切ですよ。
③ ルイくんのお母さん：ルイ、部活も大切だと思うけど、勉強も大切よ。野球だけ
　　　　　　　　じゃなくて、宿題もしなさい。
　　ルイくん　　　　：＿＿＿＿にしたら、僕のことがいつまでも心配かもしれない
　　　　　　　　けど、僕はもう大人なんだ。うるさいよ。
④ 先生　：あしたは漢字のテストです。
　　みんな：えー、テストは嫌だー。
　　アンさん：＿＿＿＿にすれば、テストは多いほうがいいと思うかも知れないけど、
　　　　　　私たちは大変です〜。
　　先生　：先生もテストを作るから大変ですよ。でも、テストがあれば、みんな勉強するでしょう？

文法 3　−を−として

「−として」は5課で勉強したね。

意味と使い方

例) 体育祭でダンスを発表します。
　　私たちのクラスは エルダさん を リーダー として、
　　　　　　　　　　A　　　→　　B
　　　　　　　　　　　AがBだ
　　毎日練習しています。

練習1　□から、選びましょう。

| 交流　ベッド　テーマ　スマホ |

① 私の兄は＿＿＿＿をカメラとして使っています。
② タマはごみ箱を自分の＿＿＿＿として使っています。
③ 今日、学校で環境問題を＿＿＿＿としたビデオを見ました。
④ オリンピックはいろいろな国の人々の＿＿＿＿を目的としたスポーツ大会です。

練習2 ＿＿＿に書きましょう。

① 😊：私はスマホを＿＿＿＿＿＿として使っています。

例）辞書、時計、ゲーム機、…

② 😊：私は＿＿＿＿＿＿を勉強机として使っています。

例）テーブル、ベッド、いす、…

文法 ④ －結果

意味と使い方

例）先生と 面談した 結果、 さくら高校を受験することにした 。

A　　　　　　　　　B

Aしたら、Bになった

練習1 ◻️から、選びましょう。

調べた　　話し合った　　した　　迷った

① クラスで＿＿＿＿＿＿＿結果、学級委員は小川さんに決まりました。

② どの部活に入ろうか＿＿＿＿＿＿＿結果、漫画部に決めました。

③ クラスで漫画についてのアンケートを＿＿＿＿＿＿＿結果、ドラえもんが好きな人は5人でした。

④ 異常気象についてインターネットで＿＿＿＿＿＿＿結果、地球温暖化が原因だと分かった。

練習2 ＿＿＿に書きましょう。

① 一生懸命勉強した結果、チェくんは数学のテストで＿＿＿＿＿＿＿＿＿＿＿＿＿＿。

② 3か月毎日1＿＿＿＿＿＿＿を食べ続けた結果、2＿＿＿＿＿＿＿＿＿＿＿＿＿。

12課　環境問題　103

文法 5 －まい

意味と使い方

例) 寝坊して大切な試験に遅れてしまった。

私は二度と 寝坊する まいと思った。

「～しない」という強い決意

「二度と、決して、もう」と一緒によく使われるよ。

「する」は「しまい」と「すまい」の形も使うよ。

寝坊しないぞ！

練習1 aの意味ですか。bの意味ですか。選びましょう。

① 納豆を食べたら、とてもまずかった。もう二度と食べる**まい**。

a. これからも食べよう

b. これからは食べない

② 遊園地に行ったけれど、おもしろくなかった。もう行く**まい**。

a. 次も行きたい

b. 二度と行きたくない

練習2 □□□から、選びましょう。

破る 歌う 買う 来る

① このレストランの料理はあまりおいしくない。ここにはもう＿＿＿＿＿**まい**。

② 映画に行くと言ったのに行かなかったから、友だちに怒られた。

これからは決して、約束は＿＿＿＿＿**まい**と思った。

③ 歌を歌ったら、友だちに笑われてしまった。二度と歌は＿＿＿＿＿**まい**。

④ ネットショッピングでくつを買った。でも、小さくて私の足に合わなかった。

これからは、ネットショッピングで決して＿＿＿＿＿**まい**。

104

文法 6 －おそれがある

意味と使い方

例) 天気予報

今夜から明日にかけて、大雪になる おそれがあります。
ご注意ください。　　　悪い結果　　＝
　　　　　　　　　　　　　　可能性がある

練習　□から、選びましょう。

| 絶滅の | 津波の | 流行する | 滑る |

① 保健の先生：今年もインフルエンザが＿＿＿＿おそれがあります。
　　　　　　　うちへ帰ったら、手洗いとうがいをしてくださいね。
　　生徒　　：はーい。

② 天気予報
　雪で道が凍って、＿＿＿＿おそれがありますので、ご注意ください。

③ 大きな地震のあとには、＿＿＿＿おそれがあるので、
　海の近くに住んでいる人は注意しましょう。

滑る

④ トラは＿＿＿＿おそれがある動物です。

最後の一頭？

「本文」についての質問

本文の内容について答えましょう。
① 地球温暖化とは何ですか。

＿＿＿＿＿＿＿＿＿＿＿＿＿＿＿＿＿＿＿＿＿＿＿＿＿＿＿＿＿＿＿＿＿

② 正しいものに○を、違うものには×を書きましょう。
　1　(　　) 日本の夏は昔より涼しくなっている。
　2　(　　) 日本では、台風の数が多くなったり、竜巻が起こるようになった。
　3　(　　) 地球の温度が上がっていて、異常気象の原因の一つになっている。
　4　(　　) 環境を破壊しても、すぐに元に戻すことができる。

12課　環境問題　105

感想・意見 本文や練習の漢字を見て、たくさん漢字を使って書いてみましょう。

① 本文を読んで、一番印象に残ったことは何ですか。

_____

_____

② 「本文」のアンケートの中で自分は何をしなければならないと思いましたか。

_____

_____

発展

文法5 －まい

「－ないだろう」という「推量」の意味もあるよ。

例）空がこんなにきれいで青いから、雨は|降る|まい。
　　　　　　　　　　　　　　　　　　＝
　　　　　　　　　　　　　　　　　－ないだろう

13課 入試の面接

導入
1. 高校受験で何をするか、知っていますか。
2. 面接で、何を話したらいいでしょうか。

個人面接

グループ面接

本文

面接をする理由

メアリさん：先生、高校入試で、どうして面接をするんですか。日本語が心配です。

先生　　　：高校の先生たちは、学力だけでなく、生徒のことをいろいろ知りたいから面接するんです。練習すれば大丈夫ですよ。メアリさんは、夏休み前に比べて、日本語がずいぶん上手になりました。

メアリさん：何を聞かれるんですか。

先生　　　：そうですね。中学校の学校生活について、部活のこととか聞かれるかもしれませんね。メアリさんはサッカー部でがんばっていましたね。あと、サッカーだけでなく、他に上手になったものもあるんじゃないですか。面接で聞かれることは、だいたい決まっていますから、練習しましょう。

模擬面接A

先生　　　：では、面接を始めます。この学校を志望した理由は何ですか。

メアリさん：サッカーを続けるためです。

先生　　　：女子サッカー部は、他の学校にもあります。なぜ、この学校を志望しましたか。

メアリさん：はい、11月に見学に来たとき、先輩たちの練習の雰囲気がとても良かったからです。

先生　　　：そうですか。では、中学校で部活動をして良かったことは、何ですか。

メアリさん：はい。**部活動を通して**努力することの大切さが分かったことです。パスが上手になったのは、毎日部活で練習したから**こそ**だと思います。こちらの学校に合格できたら、サッカー部に入る**つもりです**。

先生　　　：そうですか。良い経験をしましたね。では、これで面接を終わります。

メアリさん：ありがとうございました。

13課　入試の面接　107

模擬面接B

先生　　：面接を始めます。あなたが勉強でがんばったことを教えてください。

ポンくん：僕ががんばったことは数学です。初め、数学は苦手でしたが、これからも必要な勉強なので、がんばりました。今は得意です。

先生　　：そうですか。毎日、やったんですか。

ポンくん：毎日**といっても**30分ぐらいでした。計算問題を中心にやりました。

先生　　：分からないときは、どうしましたか。

ポンくん：先生や地域の教室のボランティアさんに聞きました。

先生　　：もう苦手な気持ちは、なくなったんですか。

ポンくん：はい。ボランティアさんが易しい問題を選んでくれました。それを教科書の解き方**のとおりに**順番にやりました。それで、解けるようになりました。数学が得意になったのは、ボランティアさんのおかげです。

先生　　：良かったですね。良い経験をしましたね。これで面接を終わります。

ポンくん：ありがとうございました。

文法 1　－を通して

意味と使い方

例1) カルロスくん：木村さんを通して、アンさんと友だちになりました。

経由・媒介

例2) 最近、インターネットを通して、国の友だちとおしゃべりをする。

経由・媒介

練習 ☐から、選びましょう。

| 事務室 | 写真 | 新聞 | 練習 | 経験 |

① _____を通して、近所で起こった事件を知った。
② 部活動の_____を通して、努力の大切さを学んだ。
③ 私たちは、いろいろな_____を通して、成長する。
④ 入学の手続きに関係する書類は_____を通して、提出してください。
⑤ 古い_____を通して、100年前の人々の生活を知った。

文法 2 －こそ

意味と使い方

例）この本こそ、私がずっと探していたものだ。
　　　強調

練習 どちらか選びましょう。
① 母親　：宿題しなさい。ゲームは止めなさい。
　子ども：お母さん、もう分かったよ。
　母親　：［ a. 私はうるさいから ・ b. あなたのことを心配するから ］こそ言うのよ。
② A：どうぞよろしくお願いいたします。
　B：［ a. こちら ・ b. そちら ］こそ、よろしくお願いいたします。
③ A：また、負けちゃったね。
　B：テストがあって、あまり練習できなかった。［ a. 今 ・ b. 今度 ］こそ勝つぞ！
④ 先生　　：ポンくん、3年生になってから遅刻しないね。
　ポンくん：先生、僕は［ a. 今年 ・ b. 去年 ］こそ、遅刻ゼロにしようと思っています。
⑤ チェくん：あしたから試験なのに、おとといもきのうもゲームばかりしちゃった。
　　　　　　［ a. きょう ・ b. あした ］こそ、勉強しよう。

13課　入試の面接　109

文法 3 —つもりだ

意味と使い方

例) あした、図書館へ行くつもりです。
＝
あした、図書館へ行こうと思っています。
　　　　自分の予定・意志

練習 ＿＿に書きましょう。

① エルダさん：今度の土日は、さくら高校の文化祭だね。
　　　　　　　見に行くの？
　　王さん　：うん。私は1＿＿＿＿つもりだけど、
　　　　　　　エルダさんは？
　　エルダさん：月曜日から試験だから、勉強しなくちゃ。だから、行かない。
　　　　　　　でも、次の週末のもみじ高校の文化祭は2＿＿＿＿つもりだよ。
　　　　　　　去年も行って、楽しかったから。

② 先生　：夏休みに中国へ帰りますか。
　　王さん：はい、中国にいる祖父と祖母に会いたいので、＿＿＿＿つもりです。
　　先生　：そうですか。会うのが楽しみですね。

③ 王さん　：おとといから、ずっと歯が痛そうね。どうして歯医者に行かないの？
　　チェくん：忙しかったから、行けなかったんだ。
　　　　　　　あしたは歯医者に＿＿＿＿つもりだよ。

④ 生徒A：来週、高校の入学式だね。部活はどうするの？
　　生徒B：アニメ部に＿＿＿＿つもりだよ。楽しみだな。

⑤ アンさん　：『ワンピース』の新刊が出たそうだよ。学校が終わったら、買いに行かない？
　　エルダさん：私は、あした＿＿＿＿つもり。お母さんがあした、おこづかいくれるから。

⑥ エルダさん：あしたの体育、水泳だって。嫌だなあ。
　　王さん　：私は＿＿＿＿つもりだよ。風邪をひいているんだ。
　　エルダさん：え〜、いいな。私も風邪をひきたい。

110

文法 ４ －といっても

意味と使い方

例１) お昼ご飯を作ったといっても、カップラーメンです。
　　　　　Ａ　　　　　　　　　　　　Ｂ
　　　　Ａと言ったが、Ａの軽い程度のＢだ。

例２) 今日は試験で良い点数を取った。といっても、70点だけれど。
　　　　　　　　Ａ　　　　　　　　　　　　　　　　Ｂ
　　　　　　　　　　　　Ａの軽い程度

練習１　どちらか選びましょう。

① 先生：すごいね。優勝したんだって？
　　生徒：はい。でも優勝したといっても、参加したのは [a. 2チーム ・
　　　　　b. 20チーム] だけだったんです。

② 生徒Ａ：お父さんは、社長なの？ すごい！
　　生徒Ｂ：すごくないよ。社長といっても、[a. 社員は200人 ・
　　　　　　b. 社員は母と兄] だけなんだ。

③ メアリさん　：えっ、中国語も分かるの？ すごいね。
　　カルロスくん：分かるといっても、[a. 新聞が読めるぐらい ・
　　　　　　　　　b. あいさつ言葉ぐらい] だよ。

④ 先生　：学校まで、どのくらいかかりますか。
　　生徒Ａ：遠いです。遠いといっても、[a. 歩いて20分ぐらいですけど ・
　　　　　　b. 電車で1時間半ですけど]。

⑤ カルロスくん：ポンくんの家の近くには公園があるって聞いた。いいね。
　　ポンくん　　：公園といっても、[a. ベンチがある ・
　　　　　　　　　b. 広くて滑り台や池がある] だけだよ。

13課　入試の面接　111

練習2 ____に書きましょう。

① ルイくん　　　　：きのう、日本語の本を読んだんだ。

　　カルロスくん：すごい！

　　ルイくん　　　　：本といっても、_____だけど。

② 先生　　　　　　：アンさんは、よくお母さんの手伝いをしているそうですね。

　　アンさんの母：そうですねえ……手伝いといっても、_____だけですけど。

　　アンさん　　　：ときどき洗濯もしているよ。

文法 5　－のとおりに

意味と使い方

例) マニュアル**のとおりに**やれば、大丈夫です。

　　　　　と同じに

マニュアルを見る　　　マニュアルと同じ方法でする

できた！

二つの言い方があるよ。　マニュアル**のとおりに** ＝ マニュアル**どおりに**

練習　☐から、選びましょう。

地図	天気予報	プリント	例	レシピ

① 理科の授業

　　先生：_____のとおりに、実験してください。よく見ながらやってくださいね。

　　生徒：はい。

② 部活

　　アンさん：あした、ちゃんと、試合会場に行けるかな？

　　田中くん：大丈夫だよ。_____のとおりに行けば、着くよ。

③ 王さん　　：アンさん、このケーキ、おいしい！アンさんはケーキを作るのが上手だね。

　　アンさん：_____のとおりに作れば、王さんも上手にできるよ。

④ 小林先生：今日は漢字の練習をします。教科書の右にある＿＿＿＿＿のとおりに書いてみてください。
　ルイくん：先生、難しいです。
⑤ メアリさん：朝は晴れていたのに、雨が降ってきた。どうしよう。傘、持っていない。
　アンさん：＿＿＿＿＿のとおりだ！　私は傘を持ってきたから、一緒に帰ろう。

「本文」についての質問

1) メアリさんの面接について答えましょう。
① 他の学校にも女子サッカー部はあります。なぜメアリさんは、この学校を志望しましたか。
　_____
② メアリさんがパスが上手になったのは、なぜですか。
　_____

2) ポンくんの面接について答えましょう。
① ポンくんは毎日、何を勉強しましたか。
　_____
② ポンくんは数学の問題をどうやって解きましたか。
　_____

発展

1) 文法1　－を通して

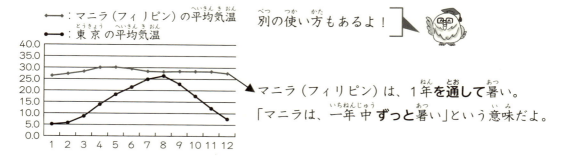

マニラ（フィリピン）は、1年を通して暑い。
「マニラは、一年中ずっと暑い」という意味だよ。

別の使い方もあるよ！

13課　入試の面接　113

2) 文法3 −つもりだ　否定の場合

アンさん：私は安くても買わ**ない**つもりです。

アンさん：私は安くても買う**つもり**は**ない**です。←とても強い否定

3) 面接って？

1. 面接時の注意点

・ノックしてから「失礼します」と言って部屋に入り、ドアを閉める。
・軽くお辞儀をして、着席の指示を待って座る。
・きちんと相手の目を見て、はっきり話す。
・質問が分からなかったら、「もう一度、お願いします」と言う。
・終わったら、いすから立ちあがり、横に立って礼をする。

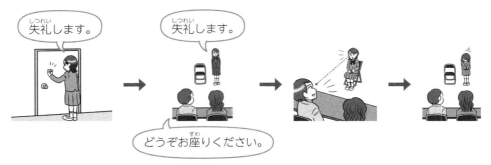

2. 面接でよく聞かれる質問

・この学校に入学したら、何をしたいですか。

・あなたの得意科目を教えてください。

・部活動に入っていましたか。部活動で得られたものは、何ですか。

・将来、どんなことがしたいですか／夢は何ですか。

・本校まで、どのようにして来ましたか。

〈あなたのことを書いてみましょう〉

① 先生：この学校を志望した理由は、何ですか。

☺ ： _____

_____

_____からです。

② 先生：「勉強でがんばったこと」は、何ですか。

☺ ： _____

_____

③ 先生：「勉強以外でがんばったこと」は、何ですか。

☺ ： _____

_____

④ 先生：将来、どんなことがしたいですか／夢は何ですか。

☺ ： _____

_____

_____

13課　入試の面接　　115

14課 職場体験（1）電話をかける

導入

これはルイくんが職場体験に行く前に、担当の人に電話をしている場面です。
次のa・bどちらの言い方がいいでしょうか。

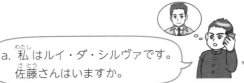

a. 私はルイ・ダ・シルヴァです。佐藤さんはいますか。

b. ルイ・ダ・シルヴァと申します。佐藤さんはいらっしゃいますか。

本文

　あなたは将来どんな仕事をするのだろうか。日本の中学校では、仕事や将来について考えるために、職場を訪問して仕事をしてみる職場体験という活動がある。
　職場体験は、働くことを中心にいろいろな経験を大人の人から聞く良い機会だ。職場体験を通して、働く人の苦労を知ることができるだろう。職場は大人の世界だ。そこに入って、大人の人と話すためには、大人の振る舞い[注1]が必要だ。例えば、大人の言葉を使うこと、つまり、敬語を使うことも、その振る舞いの一つと言えるだろう。敬語は難しいと思うかもしれない。だが、間違えてもいいのだ。どんどん敬語を使ってみよう。敬語は、使う**にしたがい**身につく[注2]ものだからだ。
　敬語は、相手を敬う気持ちが表せる**反面**、心がこもっていない[注3]とかえって失礼になってしまうこともあるので気をつけなければならない。
　次に紹介するのは、職場体験の前に、ルイくんが受け入れ先の担当者に電話している様子だ。ルイくんがどんな敬語を使うのか観察してみよう。

注1）振る舞い：行動・行い・態度・マナー
注2）身につく：できるようになる
注3）心がこもる：誠意がある

ルイくん：もしもし桜タクシーさんですか。
会社の人：はい、そうです。
ルイくん：こんにちは。私は桜中学校のルイ・ダ・シルヴァと申します。
　　　　　佐藤さんはいらっしゃいますか。
会社の人：はい、少々お待ちください。
佐藤さん：はい、佐藤です。

ルイくん：桜中学校のルイ・ダ・シルヴァと申します。体験学習でお世話になります[注4]。
佐藤さん：はい。ルイさんですね。
ルイくん：あの、いつそちらに伺えばいいですか。
佐藤さん：そうですね。15日なら、大丈夫です。
ルイくん：ありがとうございます。15日ですね。何時に伺えばいいですか。
佐藤さん：3時に来てください。
ルイくん：はい、15日の3時に伺います。よろしくお願いします。では、失礼します。
佐藤さん：さようなら。
注4）お世話になります：よろしくお願いします。（あいさつ）

　ルイくんの話し方はどうだろう。いろいろな敬語が使われていることが分かるだろう。敬語は、相手と場面に応じた使い方が必要だ。あなたが職場体験に行ったときには、働くことの体験に加えて、敬語の使い方に注意してみよう。職場体験は、あなたにとって貴重な学びの場になるはずだ。

文法 1 −にしたがい／−にしたがって

意味と使い方

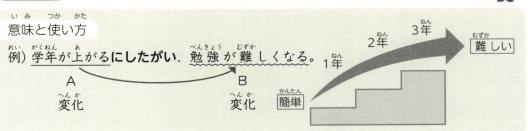

例）学年が上がるにしたがい、勉強が難しくなる。

練習　□から、選びましょう。

a. 息が苦しくなった　　b. 日本語が上手になる　　c. 大きくなる

① ＿＿＿＿＿＿＿＿＿にしたがい、先生の話が分かるようになった。

② インフルエンザになってしまった。熱が上がるにしたがって、＿＿＿＿＿＿＿＿。

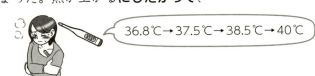

36.8℃→37.5℃→38.5℃→40℃

③ 高層ビルでは上の階に行くにしたがい、地震の揺れが
　　＿＿＿＿＿＿＿＿＿＿。

文法 2 －反面

意味と使い方
例）エルダさんは女子に優しい反面、男子には厳しい。
　　　　　　　　　A　　　　　　　B
　　　　　　　　　AとBが反対

練習 ☐から、選びましょう。

怖い　　不便な　　優しい　　苦手だ　　できない　　不真面目な

① 田中くんは英語が得意な反面、数学は＿＿＿＿＿＿。
② 王さんは勉強ができる反面、スポーツはあまり＿＿＿＿＿＿。
③ 小林先生は厳しい反面、＿＿＿＿＿＿ときもある。
④ 自転車は速いので便利な反面、雨の日は、傘がさせなくて
　　＿＿＿＿＿＿面もある。

文法 3 －に応じて／－に応じた＋[名詞]

意味と使い方
例1）季節に応じて、服装を変えます。
　　　　A　　　　　B
　　Aが変わったら、Bも合うように変えます。

例2）季節に応じた服が必要です。
　　　　A　　　　B
　　　　　　　　　Bは名詞

118

練習1 どちらか選びましょう。

① ハイキング

先生 ：距離の長いコースと短いコースがあります。

[a.体力 ・ b.道]に応じて、コースを選んでください。

王さん ：私はたくさん歩くと疲れるから短いコースにする。

エルダさん：私は、犬の散歩で毎日歩いたり走ったりしているから大丈夫だと思う。
長いコースにするね。

② 図書室

先生 ：漫画・歴史などいろいろな本があります。

自分の[a.興味 ・ b.時間]に応じて、本を借りましょう。

ポンくん ：僕は漫画！ エルダさんは？

エルダさん：私は歴史の本を借りる。日本の戦国時代についてもっと知りたい！

③ ホームルーム

先生 ：みなさんは将来どんなところで仕事をしたいですか。

職場体験をする場所は、自分の[a.希望 ・ b.健康]に応じて、
選ぶことができます。

ルイくん：僕はお客さんにサービスするところで仕事がしたいです。日本のタクシー
の運転手さんはとても親切だから、タクシー会社の職場体験がいいです。

④ 薬局

田中くん ：これは1回何錠飲みますか。

薬局の人：この薬は[a.性別 ・ b.年齢]に応じて、飲む量が違います。
15才未満は2錠、15才以上は3錠です。

田中くん ：じゃあ、お母さんは40才だから1回3錠ですね。

練習2 ☐から、選びましょう。

| コース 予定 本 図書室 やり方 |

① 先生 ：来週は鎌倉へハイキングに行きます。ハイキングコースは三つあります。
みなさんの体力と希望に応じた＿＿＿＿＿を選びます。

ポンくん：僕は一番厳しいのを選びます！

② 図書室にはたくさんの本があるから自分の興味に応じた＿＿＿＿＿を借りることが
できます。

14課 職場体験（1）電話をかける **119**

③ 勉強にはいろいろなやり方があります。それぞれの性格やペースに応じた
　　＿＿＿＿＿＿で勉強を進めてください。
④ 修学旅行の準備
　　先生：修学旅行の二日目はグループで自由行動です。
　　　　　よく話し合って、グループの希望に応じた＿＿＿＿＿＿を決めてください。

文法 4　−に加えて

意味と使い方
例) 先生：もうすぐ運動会です。あしたから、100ｍ走に加えてダンスの練習もします。

　　　　　　　　　　　　　　＋

　　今日まで100ｍ走だけ　　あしたから100ｍ走とダンスの練習
　　　　　　　　　　　　　　　　　　　　　　＋
　　　　　　　　　　　　　　　　　　　加えて

練習1　どれか選びましょう。
① 先生：もうすぐ文化祭です。あしたから、勉強に加えて文化祭の準備もします。
　　[a. 勉強だけする　　b. 文化祭の準備だけする
　　　c. 勉強と文化祭の準備の両方をする]
② 木村さん：日本の夏は、気温に加えて湿度も高いです。
　　[a. 気温だけが高い　　b. 気温と湿度の両方が高い　　c. 湿度だけが高い]
③ 王さん：田中くんは、テニスに加えて英語も得意です。田中くん、すごい！
　　[a. テニスだけが得意　　b. 英語だけが得意　　c. テニスと英語の両方が得意]

練習2　どちらか選びましょう。
① 小林先生：今日は雨に加えて [a. 雪に変わる　　b. 風も強くなる] そうですから、
　　　　　　早く家に帰ってください。
　　生徒　　：はい、分かりました。

② 王さん　：高校に入ったら [a. 勉強　b. ゲーム] に加えて部活もがんばりたい
　　　　　　　です。
　　木村さん：いいことですね。
③ 今日は数学の宿題に加えて [a. 英語の宿題も出た　b. 勉強した]。

文法 5 －はずだ

意味と使い方

例) 関内駅の改札口

チェくん：もう10時だよ。ポンくん来ないねえ。
　　　　　どうしたんだろう。来ないのかなあ。
王さん　：ポンくんが大好きなゲームのイベントだし、
　　　　　来るってきのう言ってたし……。
　　　　　だから絶対来るはずだよ！

↑
必然

ゲーム大好き！
行く！
ポンくん

練習　[　] から選んで○をつけましょう。

① 今日は期末テストだ。プリントを全部復習したから
　　[a. できない　　b. できる] はずだ。
② 田中くん：文化祭の準備で筆がいるけど、ポンくん大丈夫かな。
　　　　　　筆を忘れないかな。
　　王さん　：大丈夫だと思うよ。自分のを使うって言ってたから。
　　　　　　[a. 忘れる　b. 持ってくる] はずだよ。

僕の筆！

③ チェくん：あしたマラソン大会だけど、晴れるかな。雲が出てきたよ。
　　アンさん：大丈夫だよ。天気予報を見たら雨の確率0%だったから
　　　　　　[a. 雨は降らない　b. 雨が降る] はずだよ。

明日の天気は晴れです。
雨の確率は0%です。

14課　職場体験（1）電話をかける　121

「本文」についての質問

1)「本文」の内容について答えましょう。
① 職場体験はどんな機会になりますか。
_____

② ルイくんは職場体験の前に何をしましたか。
_____

2) 本文の内容と合っていたら〇、間違っていたら×をつけましょう。
① (　　) 使えば使うほど敬語は上手になる。
② (　　) 心がこもっていなくても敬語をたくさん使ったほうがいい。
③ (　　) 職場体験は楽しい遊びの場だ。
④ (　　) 敬語は相手と場面に応じた使い方が必要だ。

感想・意見 本文や練習の漢字を見て、たくさん漢字を使って書いてみましょう。あなたはどんな敬語を聞いたことがありますか。本文を読んで、敬語についてどう思いましたか。

_____
_____
_____
_____

発展

1) 文法1　−にしたがって

　−にしたがって＝−につれて（10課）　　同じだよ！

例) 学年が上がる{にしたがって／につれて}勉強が難しくなる。

「-にしたがって」は、もう一つ使い方があるよ。
「-に沿って」「-のとおりに」と同じだよ！

-にしたがって＝-に沿って（7課）＝-のとおりに（13課）

例）作り方の順番{にしたがって／に沿って／のとおりに}やってみたら、ひとりでカレーが作れました。

2) 敬語：「丁寧語」「尊敬語」「謙譲語」の3種類あります。

1. 丁寧語
例1）もしもし桜タクシーさんですか。　　例2）ありがとうございます。
例3）失礼します。

丁寧語は、「です」「ます」の言葉です。
自分が丁寧に話したり書いたりするときに「です」「ます」を使います。

2. 尊敬語
例）佐藤さんはいらっしゃいますか。

佐藤さんはいますか。
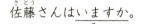
尊敬語にすると　→　いらっしゃいますか。

佐藤さんはいらっしゃいますか。

3. 謙譲語
例1）桜中学校のルイ・ダ・シルヴァと申します。

（私は）ルイ・ダ・シルヴァと言います。

謙譲語にすると　→　申します。

ルイ・ダ・シルヴァと申します。

例2）15日の3時に伺います。

（私は）3時に行きます。

謙譲語にすると　→　伺います。

伺います。

14課　職場体験（1）電話をかける　123

15課 職場体験（2）お礼状を書く

導入

1. みなさん、どんな仕事を知っていますか。
2. 将来どんな仕事をしたいですか。

本文

　日本に来て以来、いろいろな体験をしていると思うが、あなたはもう職場体験をしただろうか。まだしていないという人は、職場体験についての話を聞いたことがあるだろうか。職場体験とは、実際に「仕事」をしてみることだ。
　ではなぜ、職場体験をするのだろうか。
　今は中学生のみんなも、いずれ学校を卒業して働く。少しずつ、自分の将来について考え始める時期に来ているのだ。でも、「働く」とはどういうことか、なかなか理解できない。「職場体験」の目的は、自分の将来についてじっくり考え、どんな仕事をするのかイメージしてみることだ。
　職場体験をするには、その機会を与えてくれる人や場所、つまり「受け入れ先」が必要だ。
　ここで、受け入れ先の立場に立って考えてみよう。相手の立場に立って考えることは、とても大切なことだ。中学生のみんなが働くことは、受け入れ先のメリットになるだろうか。実は、迷惑になるおそれがあるのだ。例えば、お皿を割ってしまったり、飲み物をこぼしてしまったりすることもあるだろう。それでも、職場の方々は、みんなの体験のために、その機会を提供してくださる。このことは決して忘れてはいけない。ときどき、「本当は職場体験なんてしたくないのに……」と、無理に**やらされている**ような態度を表す生徒がいるそうだ。失礼になるので、絶対に止めよう。
　さて、職場体験をしたら、感謝の気持ちを表してみよう。感謝の気持ちを表すのに、手紙という手段がある。最近は手紙を書かなくなっているが、このような機会にぜひ手紙を書いてみよう。みんなの気持ちがしっかり伝わるはずだ。職場の人も、お礼の手紙をもらってうれしく**ないわけはない**。
　例えば、次のような手紙を書くと良いだろう。

> さくらコンビニのみなさま
>
> 先日は職場体験を**させていただき**、ありがとうございました。みなさんが親切にしてくださったおかげで、とても充実した五日間を過ごすことができました。
> 体験中、多くのことを教えていただきました。お客様がいないときに、棚をきれいにしたり、掃除をしたりしていることも分かりました。お客様が気持ち良く買い物できるように、陰での努力が大切だということを、実感しました。これからコンビニに行くときは、今までとは違う気持ちで買い物をする**ことになる**と思います。
> 今回の職場体験では、責任感を持って仕事をすることが大切だ、ということを学びました。みなさんに教えていただいたことを忘れずに、これから、自分自身の将来について考えていきたいと思います。どうもありがとうございました。
>
> 吉田よし子

どうだろうか。具体的に学んだことを述べ、はっきりとお礼を言っているのが分かるだろうか。

このように、手紙を書くうえで大切なのは、気持ちだ。上手に書こうなんて思う**ことはない**。気持ちを表すことが重要なのだ。

さあ、次はあなたの番だ。実際に手紙を書いてみよう。

文法 1　-て以来　「-て以来、-ています」「-て以来、-ていません」という表現が多いよ。

意味と使い方

例) 日本に<u>来て</u>**以来**、いろいろな体験をしている。

　＝
　＿＿てから、今まで

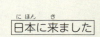

日本に来ました　　　　　　　　　　　　今
いろいろな体験をしています。

15課　職場体験(2) お礼状を書く　125

練習 ＿＿に書きましょう。

小林先生：みなさん、日本に来てどうですか。
最近の様子を教えてください。

チェくん：日本に 1＿＿＿＿＿＿**以来**、祖母の
料理を 2＿＿＿＿＿＿いません。
ときどき、とても食べたくなります。

王さん：私は、毎週支援教室に行くのが、楽しみです。
支援教室で勉強を 3＿＿＿＿＿＿**以来**、
ずっと 4＿＿＿＿＿＿います。

アンさん：私は、日本に 5＿＿＿＿＿＿**以来**、
ベトナムの友だちに 6＿＿＿＿＿＿
いません。

文法 ② 使役受身

意味と使い方

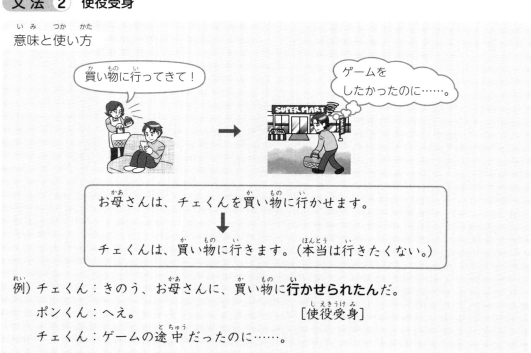

お母さんは、チェくんを買い物に行かせます。
↓
チェくんは、買い物に行きます。（本当は行きたくない。）

例）チェくん：きのう、お母さんに、買い物に**行かせられた**んだ。
ポンくん：へえ。　　　　　　　　　［使役受身］
チェくん：ゲームの途中だったのに……。

使役の作り方を覚えているかな？
それから、受身の作り方を覚えているかな？
①使役にする ⇒ ②受身にする ＝ **使役受身**

行く ⇒ ①行かせる（使役） ⇒ ②行かせられる（使役受身）
する ⇒ ①させる（使役） ⇒ ②させられる（使役受身）

本当はやりたくないけど、他の人の指示で、します。

練習1　どちらか選びましょう。

シンデレラ

① 私はシンデレラです。
　毎日、掃除を { a. させられます。 / b. させてくれます。 }

② それから、洗濯も { a. させられます。 / b. させてくれます。 }
　私もお城に行きたいなあ。

～ある日～

③ 親切なおばあさんが来て、私の服を、
　きれいなドレスに { a. 変えさせられました。 / b. 変えてくれました。 }

④ そして、おばあさんが私をお城に
　{ a. 行かせられました。 / b. 行かせてくれました。 }

15課　職場体験（2）お礼状を書く

練習2 どちらか選びましょう。

[教室]

① 田中くん：王さん、きのうの休みは何をしてたの？
　王さん　：お父さんの友だちが来たの。だから、朝から掃除を**させられた**の。

　（問題）　掃除をしたのは [　a. 王さん　　b. 王さんのお父さん　] です。

② チェくん：きのう友だちとカラオケに行ったんだ。
　ポンくん：いいなあ、僕も行きたかったなあ。たくさん歌ったの？
　チェくん：うん……友だちに**歌わせられた**んだ。

　（問題）　チェくんは、歌を [　a. 歌いたかった　　b. 歌いたくなかった　]。

文法 3　－ないわけはない

意味と使い方

例）お礼の手紙をもらって<u>うれしく**ないわけはない**</u>。
　　　　　　　　　　　　 ‖
　　　　　　　　　　　うれしい
　　　　　　　　　　　（強調）

「ない」が二つあるね。
「うれしい」ということだよ。

練習　＿＿に書きましょう。

[支援教室]

① 先生　：大丈夫？ 痛くない？
　王さん：大丈夫です。
　先生　：いやいや、この傷は、＿＿＿＿＿＿＿**わけはない**よね。
　　　　　保健室に行ってきなさい。

② 先生　　：さあ、宿題を出してください。
　ポンくん：ええ？ 宿題あった？ 知らなかったー。
　先生　　：何度も言ったんだから、＿＿＿＿＿＿＿**わけはない**ですよね。

③ チェくん：今日のゲーム、勝てるかな？
　王さん　：大丈夫。相手は小学生だよ。＿＿＿＿＿＿＿よ。
　チェくん：そうかなあー。

文法 ④ －(さ)せていただく

意味と使い方

例1）先日は 私たちに 職場体験を**させていただき**、ありがとうございました。

させて（使役形のて形）＋いただく

例2）生徒：店長、このタオル、**使わせていただいて**もいいですか。
　　　　　　　　　　　＝
　　　　　　　　　使ってもいいですか

　　　店長：どうぞ。使ってください。

とても丁寧な言い方だよ。
「ありがとう」や「お願いします」という気持ちがあるよ。

練習　＿＿＿に書きましょう。

保健室

① 保健室の先生：あらポンくん、もう大丈夫ですか。もっと休んでいてもいいですよ。
　　ポンくん　　：大丈夫です。先生、＿＿＿＿＿＿＿＿**いただいて**、ありがとうございました。
　　　　　　　　良くなりました。教室に戻ります。
　　保健室の先生：はい、分かりました。お大事にね。

15課　職場体験（2）お礼状を書く

② アンさん：保健室で熱を測ったら38度でした。_____いただいてもいい
ですか。
小林先生：それは大変ですね。帰ってもいいですよ。
ゆっくり休んでくださいね。
アンさん：はい、失礼します。

【職場体験】
③ 生徒A：あのう、頭が痛いんです。申し訳ありませんが、
今日は早く_____いただいてもいいですか。
職場の人：頭痛ですか。大丈夫ですか。今日は帰ってゆっくり休んでください。
生徒A：ありがとうございます。あした、またがんばります。

文法 5 －ことになる

意味と使い方

例）もうすぐ弟が生まれるから、これからは僕がご飯を作ることになる。

変化の結果

今まで僕はご飯を作っていなかった　　これからは僕がご飯を作る
（お母さんが作っていた）

練習　____に書きましょう。

① 田中くん：最近、ロボットが多くなったよね。
掃除や、介護もロボットがするそうだよ。

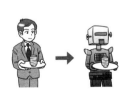

チェくん：いつか、ロボットがいろいろな仕事を_____ことになるね。
田中くん：そうかもしれないね。

② アンさん　：友だちのお父さんが、国に帰るんだって。
エルダさん：そうなんだ。友だちはどうするの？
アンさん　：お父さんと一緒に_____と思うよ。
エルダさん：そう、さびしくなるね。

130

文法 6 −ことはない

意味と使い方

例）上手に書こうなんて思うことはない。
　　　　　　　　　　=
　　　　思わなくてもいい、必要ない

練習　どちらか選びましょう。

[学校説明会]
① 先生　　：あしたは学校説明会です。
　 王さん　：ちゃんと分かるかなあ。とても心配です。
　 先生　　：大丈夫ですよ。通訳してくれる人がいますから、
　　　　　　[a.心配する　・　b.心配しない] ことはないですよ。

[支援教室]

② エルダさん：私、なかなか作文が書けません……。
　 木村さん　：上手に書こうなんて [a.書く　・　b.思う]
　　　　　　　ことはないですよ。
　 エルダさん：ありがとうございます。

③ アンさん：木村さん、あしたはスピーチです。緊張します。
　 木村さん：リラックスしてください。
　　　　　　上手に [a.話そう　・　b.できる] なんて
　　　　　　思うことはないんです。
　 アンさん：そうですよね。ありがとうございます。

「本文」についての質問

① 職場体験をするときに大切なことは何ですか。
　_____
② お礼の手紙を書くときに大切なことは何だと書かれていますか。

15課　職場体験（2）お礼状を書く　*131*

1)   正式な手紙を書いてみましょう！ 縦書きで！ あいさつをはっきり！

2) 文法2 使役受身

　　　　　　使役受身には、もう一つ形があるよ。この形はよく使うよ。

動詞の1グループだけ

　　　　　　　　　　使役受身
例) 書く ⇒ 書かす ⇒ 書かされる
　　読む ⇒ 読ます ⇒ 読まされる
※「貸す／消す」のような動詞はこの形は使いません。

16課 日本語の多様性

導入

次の文を読んで意味を考えてみましょう。

にわにはにわにわとりがいる。

ははははははじょうぶだ。

本文

あなたは上の文の意味が分かるだろうか。平仮名ばかりで、難しいかもしれない。では、次の文はどうだろう。「庭には二羽にわとりがいる。」「母は歯は丈夫だ。」こちらは意味が分かるのではないだろうか。このように文の中に漢字が入ると、意味が分かりやすくなる。

漢字は3000年以上前に、中国の言葉を書き表すために作られ、それが5世紀頃日本に伝わったと言われている。その後、平安時代（8世紀末～12世紀末）に漢字をもとにして仮名が作られた。仮名は決まった意味を持たない。しかし、漢字は決まった意味を表す**ことから**、上のように文章の中に使われると、文章全体の意味も分かりやすくなる。

ところで、仮名には「平仮名」と「片仮名」がある。右の表のように、平仮名は漢字をくずして、片仮名は漢字の一部を使って作られた。

日本語の文章で主に使われるのは平仮名だが、片仮名を使う言葉もとても多い。外国の地名、人名、外国から来た言葉、ファッション、スポーツ、物音や動物の声(注)などを表す**際**に使われる。

安	以	宇	衣	於
安	以	宇	衣	於
あ	い	う	え	お
阿	伊	宇	江	於
阿	伊	ウ	エ	オ
ア	イ	ウ	エ	オ

注）何の音や声か分かるかな？

 ザーザー
 ゴロゴロ
 ピューピュー
 ワンワン
 コケコッコー
 モー

日本語の文字には、これらの他にローマ字もある。漢字や平仮名、片仮名**にかわって**アルファベットを使って日本語を表すのである。多くの外国の人にとっては発音が分かりやすいので、駅名や地名を表すのに使われている。

このような文字の多様性に加え、日本人は言葉を短くして新しい言葉を作ることがとても多い。例えば、「イケてる（かっこいい）メンズ（男性）」から「イケメン」という言葉ができた。さらに、そこから「育児をするメンズ」＝「イクメン」という言葉も生まれた。また、特に若者たちは、彼らにその意味を聞かないかぎり、大人には理解できないような新しい言葉を作る。例えば、新年のあいさつの「あけましておめでとう」を短くして「あけおめ」と言ったり、「難しい」を「むずい」、「気持ち悪い」を「きもい」と言ったりする。つまり、文字ばかりでなく、言葉に関しても多様性があると言っていいだろう。

　ところで、下の絵文字は、1999年にNTTドコモが開発した絵文字176文字である。今では世界中で数えきれないほどの絵文字が使われているが、最初に作られたのは日本だったのだ。2016年にアメリカのニューヨーク近代美術館がこれらの文字を「最初に作られた絵文字」として保存することを発表した。絵文字一つで意味を表すことができ、新しい文字の形と言えるかもしれない。

出典：ニューヨーク近代美術館公式サイト
https://www.moma.org/

文法 1　－ことから

意味と使い方

例) この坂から富士山が見えることから、富士見坂という名前になりました。

　　　　↑　　　　＝
　　理由、原因、根拠　　から、ので

練習 ☐から、選びましょう。

| a. 世界一になると言われています | b. ここに恐竜がいるかもしれない |
| c. インターネットが普及した | d. 常に準備が必要だ |

① みなさん、この写真を見てください。これは何だと思いますか。
　この写真がこの湖で撮られた**ことから**、_____と
　言われているのです。

② 日本は自然災害が多い。地震はいつ起こるか分からない**ことから**、
　_____。

③ 社会科の先生：みなさん、今世界で一番人口の多い国はどこですか。
　王さん：中国です。
　先生　：はい、そうですね。2番目はインドです。しかし、インドの人口増加は中
　国より大きい**ことから**、数年後にはインドが_____。

④ _____**ことから**、現在は、世界中のどこにいても
　連絡を取ることができる。

文法 2 －際に

意味と使い方

例1) 駅
電車とホームの間が空いています。
乗る際には、十分気をつけてください。
　　＝
　　とき

例2) 教室
先生　：みなさんは先週、職場体験に行きましたね。その職場のみなさん
　　　　に、お礼状を書きましょう。
ルイくん：はい。

・・・・・・・・・・・・・・
職場体験**の際**には、大変お世話になりました。……
　　　＝
　　　とき

16課　日本語の多様性　135

練習 ＿＿に書きましょう。

① みなさんは図書館で本を借りることができます。
　　＿＿＿＿＿＿＿＿＿＿際には、まず図書館カードを作ってください。

② この薬は飲むと眠くなります。
　　車を＿＿＿＿＿＿＿＿際には、飲まないでください。

③ 小林先生：週末にいろいろな高校で見学会があります。
　　　　　　みなさん、見学に行きますか。
　　　　　　＿＿＿＿＿＿＿＿際には、必ず制服を着て
　　　　　　いきましょう。

④ 地震は、いつ起きるか分かりません。
　　＿＿＿＿＿＿＿＿際には、落ち着いて行動しましょう。

文法 3　－にかわって

意味と使い方

例）病気の母にかわって私が掃除と洗濯をした。

練習 ＿＿に書きましょう。

① 先生　　：今日はエネルギーについて考えます。
　　　　　　例えば今は、いろいろな車がありますね。
　　　　　　ガソリンだけではなく……何が使われていますか。
　　田中くん：はい。ガソリンにかわって＿＿＿＿＿＿＿が使われるようになってきました。

② 先生　　：みなさん、ロボットを見たことがありますか。
　　　　　　今、いろいろなロボットが開発されています。
　　　　　　工場や危険な場所では、人にかわって1_____がたくさん活躍しています。
　田中くん：ロボットが仕事をしたり、人の手伝いをしたりしているんですね。僕にかわって2_____てほしい！
　　　　　　あなただったら、ロボットに何をしてほしいですか。
　　　　　：_____にかわって_____てほしいです。

文法 4　－ないかぎり

意味と使い方

例）田中くんの母：ゲームは一日１時間。
　　　　　　　　この約束を守らないかぎり、ゲーム禁止です。

＝

ないとき

「守らないときは、ゲーム禁止」「守らなければゲーム禁止」という意味だよ。

練習　_____に書きましょう。

① 田中くん　　　　：先生、あしたのテニスの試合は雨でもやりますか。
　テニス部の先生：はい。大雨じゃないかぎり、_____。
② 英語の先生：田中くん、ポンくん、あなたたちは、今日も宿題を出していませんね。先週の宿題です。もうやりましたか。
　田中・ポン：すみません、まだやっていません。
　先生　　　：宿題を_____ないかぎり、部活に行ってはいけません。
　田中・ポン：はい、分かりました。

16課　日本語の多様性

文法 5 −に関して／−に関する＋［名詞］

意味と使い方

例1）高校受験に関して説明会があります。　　例2）高校受験に関する説明会
　　　　　　＝　　　　　　　　　　　　　　　　　　　　　＝　　名詞
　　　について　　　　　　　　　　　　　　　　　　　　についての

練習1 ＿＿に書きましょう。

① 先生：これからアンケートに答えてください。
　　　　学校や家での＿＿＿＿＿＿に関するアンケートです。
　　　　質問を読んで、それぞれ答えを書いてください。

② 校内放送

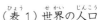
　　文化祭実行委員のみなさん、今日の昼休みに話し合いをしますので、
　　会議室に集まってください。各クラスの発表内容に関して＿＿＿＿＿＿。

③ 社会科の先生：表1を見てください。
　　　　　　　　世界の1＿＿＿＿＿＿に関する調査の結果、
　　　　　　　　一番多い国は中国、2位はインドでした。
　　　先生：表2は何に関する調査か分かりますか。
　　　生徒：2＿＿＿＿＿＿に関する調査です。
　　　先生：そうです。その国の人たちが生まれてから、平均して
　　　　　　何才まで生きるかということです。

（表1）世界の人口

順位	国
1位	中国
2位	インド
3位	アメリカ
4位	インドネシア
5位	ブラジル

総務省統計局「世界の統計2018」より

（表2）世界の平均寿命（歳）

男性順位	国	歳	女性順位	国	歳
1位	香港	81.7	1位	香港	87.66
2位	スイス	81.5	2位	日本	87.26
3位	日本	81.09	3位	スペイン	85.84
4位	ノルウェー	80.91	4位	韓国	85.4
5位	スウェーデン	80.72	5位	フランス	85.3
			5位	スイス	85.3

厚生労働省「平成29年簡易生命表の概況」より

練習2 （表1）や（表2）の調査の結果を見て、気がついたことを＿＿＿に書きましょう。

（表＿＿＿＿＿）の＿＿＿＿＿＿＿＿＿＿＿に関する調査を見て、＿＿＿＿＿＿＿＿＿＿

＿＿＿＿＿＿＿＿＿＿＿＿＿＿＿＿＿＿＿＿＿＿＿＿＿＿＿と思いました。

文法 6 －きれない

意味と使い方

例) 支援教室

木村さん：ポンくん、日本語の勉強はどうですか。

ポンくん：漢字が難しいです……。

それに、数がたくさんあって 覚え きれないです。

‖　　　　Ａ

数が多くてAをすることが難しい、できない

木村さん：毎日少しずつやりましょう。

練習 ＿＿＿から、選びましょう。

持ち	食べ	数え	読み

① 田中くん：わあ、ごちそうがいっぱいだ。僕一人では＿＿＿＿＿きれない。

② 王さんのお母さん：もしもし……今、スーパーにいるんだけど、野菜やお肉が安くて
たくさん買ったから＿＿＿＿＿きれないの。ちょっと手伝って。

王さん　　　　：うん、分かった。すぐ行く。

③ 木村さん：アンさん、旅行はどうでしたか。

アンさん：はい、とても良かったです。南の島に行ったら、
星がとてもきれいでした。
すごく多くて＿＿＿＿＿きれないほどでした。

木村さん：それは良かったですね。

16課　日本語の多様性　*139*

「本文」についての質問

① 文章の中に漢字が使われると、どうして文章全体の意味が分かりやすくなりますか。
_____

② 片仮名はどのような言葉を表す際に使われますか。
_____

③ 「イクメン」の意味は何ですか。
_____

④ 絵文字を新しい文字の形と考えるのは、どうしてですか。
_____

⑤ 本文では日本語の多様性について、二つ述べられています。一つは文字の多様性ですが、もう一つは何ですか。
_____

感想・意見　本文や練習の漢字を見て、たくさん漢字を使って書いてみましょう。

① あなたの国で今使われている文字は何種類ですか。それに比べて日本の文字の種類は多いですか、少ないですか。

② あなたの国でも、日本のように言葉を短くして新しい言葉を作ることがありますか。あれば、どのような言葉か教えてください。

発展

文法6　－きれない

▼「－きれない」には気持ちを強める使い方があるよ。

例）田中くん：新しいゲーム、来週発売だね。
　　ポンくん：うん。楽しみで<u>待ちきれない</u>。

▼この意味は「待てないくらい楽しみだ」という意味だよ。

解答
(練習・「本文」についての質問・発展)

1課

文法1　練習1　① 1 a　2 b　② 1 b　2 a

**　　　　練習2**　① 休みだ　② 上手だ　③ 帰った　④ おいしい

文法2　練習1　① エルダさん　② 野菜　③ 九州　④ 横浜

「本文」についての質問
① 着物や柔道、書道などの伝統的な文化と、「ポップカルチャー」という新しい文化があります。
② 漫画やアニメ、ゲームなどがあります。
③ 参加した人たちは、国や言葉が違っても、すぐに友だちになれるところです。

文法3　練習1　① できる　② 書いた　③ 安い　④ 休みだ

**　　　　練習2**　① 例) おいしい／好きだ　② 例) 勉強もできる
③ 例) [に／と] 会える／ [と] 一緒に勉強できる

文法4　練習1　① 中国人　② 高校生　③ 大人　④ 外国人

「本文」についての質問
① 日本で作られました。
② 古い歌から、子ども向けのアニメの歌まであります。
③ いいえ (、いろいろな国の人／世界の人もカラオケをします)。

文法5　練習1　① しない／やらない　② (歯を) みがかない
③ 出かけない

「本文」についての質問
① スマホでゲームをする人が増えました。
② ゲームをしながら歴史の勉強ができたり、有名な場所について知ることができたりします。それに、勉強のストレスを解消することもできます。
③ プログラミングを勉強したり、音楽を作ったり、ストーリーを考えたりする必要があります。

発展　① 1 a　2 b　② b

2課

文法1　練習1　① 例) 食べ物／料理　② ウチダ
③ 1 銀河鉄道の夜　2 本／小説　④ お店 (のケーキ)

**　　　　練習2**　① 意味　② 話　③ という話

解答　1〜2課　*141*

「本文」についての質問	①	井戸の中にいるカエルはそこが全世界だと思って、もっと広くて大きな海があることを知らないという	
	②	友だちと遊んだり、本を読んだり、いろいろなところへ行ったりするのがいいです。	

文法2 練習 ① 1 夏　2 夏　② 84　③ Aのボタンを押す

④ なる

文法3 練習 ① なくなる　② 勉強する　③ 楽しい

「本文」についての質問 ① 公園に行って桜の花を見たり、桜の木の下にレジャーシートを敷いて、家族や仲間たちと食べたり、飲んだりします。

② 「花＝桜」を見るよりも、「団子＝食べ物」を食べることのほうが大事だということから、実際に利益があるもののほうが大事だという意味です。

文法4 練習1 ① 王さん　② 人が多いところ　③ 晴れた日の海

練習2 ① 例）お母さん　例）料理が上手な

② 例）歌手

文法5 練習 ① UFO／ユーフォー　② 彼女／恋人かもしれない

③ （休みに）なるかもしれない　④ 負けるかもしれない

文法6 練習 ① お年寄り　② 先生　③ 弟

「本文」についての質問 ① 人間の男の子のように、動いたり話したりすることができます。

② うそつきは将来、泥棒になるという意味です。／うそをつくということは、悪の道へ入る第一歩であるという意味です。

3課

文法1 練習 ① （日本の）漫画　② スポーツ

③ 1 人気のスポーツ　2 人気の料理

文法2 練習1 ある

練習2 ① 帰る

② 1 している／やっている　2 している／やっている

「本文」についての質問 ① ○　② ×　③ ×

文法3 練習 ① 例）分かりやすい／読みやすい　② 例）書きやすい

③ 例）使いにくい

文法4 練習 ① 例）食べたり飲んだりしてはいけない　② という意味

142

③ 1 というのは　　2 という意味

「本文」についての質問　① ×　　② ○　　③ ○

文法5　練習　① ひいている／ひいた　　② ある

文法6　練習　① 返さ　　② なければなりません／なければいけません

③ 食べ

文法7　練習　① ×　　② ○　　③ ○

「本文」についての質問　① 家で食べる人が多いです。　　② 鮭おにぎりです。

4課

文法1　練習　① 帰る　　② 出す／くれる　　③ 会う

文法2　練習　① 文化祭　　② 化学変化　　③ 図形

「本文」についての質問　① どんどん太ってしまいます。

② いつも食べたり飲んだりしているものについて、よく知る必要

があります。

文法3　練習　① (7時の)ニュース　　② 王さん　　③ 田中くん

④ 保健の先生

文法4　練習　① f　② d　③ b　④ e　⑤ a

「本文」についての質問　① ○　　② ×　　③ ○　　④ ○　　⑤ ×

文法5　練習　① b　② d　③ a　④ c

「本文」についての質問　① 体の中の／にある時計です。

② 太陽の光を浴びたり、朝ご飯を食べたりすることによって調

整されます。

③ b

スマホなどの青い光によって体内時計が乱れるからです。

5課

文法1　練習2　① 先生　　② 1 山梨　　2 お茶の産地として有名です

文法2　練習　① 骨　　② 中国語　　③ 剣道

「本文」についての質問　① 日本の各地の宣伝に役立っています。

② 例)テレビに出たり、イベントに出たりするからです。／

人気があるからです。

③ 彼らのふるさとの宣伝です。

文法3　練習	① 友だちに／仲が良く　　② （絵を）習い
	③ ダンスをしている／踊っている
文法4　練習	① a　② a　③ b
「本文」についての質問	① 久地西町の活動をみんなに知ってもらおうと話し合ったこと
	（をきっかけに生まれました）。
	② 久地西町に親しみをもってもらうため／からです。
	③ 1 ×　2 ×　3 ○
文法5　練習1	① 1 もらって　　2 例）恥ずかしい／うれしい／嫌だ
	② 1 泣いてしまった／感動してしまった
	2 例）感動した／すごい
	③ 1 割って　　2 例）ごめんなさい／困った
	④ 1 忘れてしまいました　　2 例）困った／どうしよう
	⑤ 1 （スカートが）小さくなってしまいました／はけなくなって
	しまいました
	2 例）悲しい／困った
練習2	① 読んで　　② 食べてしまう
練習3	1
文法6　練習	① 野菜／果物／魚　　② 苦手な科目／嫌いな科目
	③ 1 食べる　　2 作る
「本文」についての質問	① 「ゆるキャラ」のお祭りです。
	② いいえ（、海外からのエントリーもあります）。

6課

文法1　練習	① 開けた　　② テレビをつけた　　③ 髪の毛が生えた
	④ 1 作った／作ってみた　　2 おいしい／上手だ
文法2　練習1	① a　② a　③ b
練習2	1 b　2 a
文法3　練習	① 食べずに　　② 洗わずに　　③ 取らずに
「本文」についての質問	① ×　② ○　③ ×
文法4　練習1	① b　② b　③ a　④ b
文法5　練習1	① b　② a　③ b　④ b
「本文」についての質問	① 子ども

② 笑顔にはストレスを減らしたり、血圧を下げたりするなど、健康への良い効果があることが分かったからです。

文法6　練習1　① c　② a　③ e　④ d

　　　　練習2　① 友だちは来ませんでした　② 宿題をした

「本文」についての質問　① ×　② ○　③ ○

7課

文法1　練習　① b　② a　③ d

「本文」についての質問　① ○　② ×　③ ○

文法2　練習1　① ビタミンC　② 漫画　③ イルカ　④ 言葉の問題

文法3　練習　① b　② 1 b　2 a

「本文」についての質問　① ×　② ×　③ ○

文法4　練習1　① チェ／ポンくん　② 1 絵／漢字　2 ダンス／英語

　　　　練習2　① 子ども

　　　　② 1 例) a（と）c

　　　　　 2 例) 絵だ／絵なので分かりやすい

文法5　練習1　① 助けよう　② なろう　③ やせよう　④ 乗ろう

「本文」についての質問　① ○　② ○　③ ○

② 誰かが掃除してくれていることを知っているからです。／自分も教室を掃除しているので、掃除をしている人の気持ちが分かるからです。

③ 自分たちの教室をきれいに使おうという気持ちが生まれるし、バランスよく筋肉を動かす訓練になったり、自分の役割を果たす重要性や、友だちとコミュニケーションをとることの大切さに気づけます。

8課

文法1　練習1　① b　② a

　　　　練習2　① 直角　② ひし形

文法2　練習　① 雨　② 白いかばん／白／白いの　③ 帰る　④ ある

「本文」についての質問　① みんなに自分の思いや考えを伝えることです。

② 「私の好きなもの」です。

③ 好きな食べ物、好きなスポーツ、好きなアニメ、好きな場所

文法3 練習1 ① 漢字

② 1 パソコン／コンピューター／インターネット　2 本

練習2 ① b　② a

文法4 練習 ① 寝れ　② 体操すれ／走れ／動け

③ 1 （日本語の）本を読ん　2 （日本語で）話し／会話し

④ 安けれ／高くなけれ

「本文」についての質問 ① 好きになったきっかけや理由、エピソードなどを書きます。

② 教室に行く途中に財布を落としたことと、修学旅行の持ち物が分からなかったことです。

文法5 練習2 ① 調べた／辞書を見た　② した

文法6 練習1 ① d　② c　③ a

練習2 ① c　② b

練習3 ① 例）日本語の漢字が読めるようになった。／数学が得意になった。

② 例）日本語を話すのが上手になった／日本の生活が楽しくなった

「本文」についての質問 ① 日本で生活するうえで分からないことなど、何でも教えてもらえました。

② 自分の国と日本との違いを話したり、国の学校や友だちの話をしたりします。

③ 一緒に警察に行ってくれました。

発展 練習 例）学校に遅刻した／朝の部活に遅刻した

9課

文法1 練習1 ① 難しい　② 小さい

③ 例）熱がある／風邪をひいている

練習2 ① b　② a　③ a　④ b　⑤ b

文法2 練習 ① 体育館　② 災害時　③ リオデジャネイロ

④ 2018年度　⑤ 家庭

文法3 練習1 ① うれしい　② 悔しい　③ 悲しい　④ 困った

⑤ 驚いた

練習2 ① きれいな女の人と野獣の王子が結婚しました

② 貧しい女の子が寒い日にマッチを売りに行って、死んでしまいました／マッチ売りの少女が死んでしまいました

③ 毎年／今まで、柿の実はできなかったのに、今年はたくさんできました

文法4 練習1 ① 距離 ② 季節 ③ 性別 ④ 国籍／性別

練習2 ① 例）あしたは出かける／サッカーの試合はあります

② 例）幸せになれます／勉強はできます

③ 例）勉強しなければなりません／野菜を食べたほうがいいです

文法5 練習 ① a ② b ③ b

文法6 練習 ① 例）寿司、さしみ、カレー、納豆、ラーメン

「本文」についての質問 ① 男女別に見ると、女子は減っているのに男子が大きく増えたことです。

② 男子の手伝いをする率が大きく増えたからです。

10課

文法1 練習1 ① 例）1か月 ② 例）1年

練習2 ① 関東地方

文法2 練習 ① 降ります／降るそうです ② 1 春 2 夏

③ 北海道 ④ 1 駅 2 学校

文法3 練習 ① 書く ② 遊べ ③ 近ければ近い

④ 易しければ易しい ⑤ 大きければ大きい

文法4 練習1 ① 歩いてきました ② 食べてきました ③ 書い

④ 持ってきて

練習2 ① 友だちがたくさんできた ② 暗くなっ

文法5 練習 ① 買ってある ② 作っ ③ 貼ってあります

④ 話してあります

文法6 練習1 ① 背が高くなる／身長が高くなる／身長が伸びる

② 強くなる／強くなった

③ 人が増える／人が増えた

「本文」についての質問 ① 地震で道路や建物が壊れました。それだけでなく、津波や火災も発生し、東北から関東にかけての太平洋側で多くの人が亡くなりました。

② 災害時帰宅支援ステーションと言います。

③ 水をもらえたり、トイレを貸してもらえたり、災害の情報を教えてもらえたりします。

11課

文法1 練習
① 友だちの顔を描く　② 動物を描く　③ 作る
④ プレゼント　⑤ （部活に）入る

文法2 練習
① 例) 毎日歯をみがくことが大切だ
② 例) 一生懸命勉強しなければならない
③ 例) 電車に乗る
④ 例) 外国に行く
⑤ 1 4にする　2 12

文法3 練習
① a　② a　③ b

文法4 練習1
1 林　2 野山

練習2
① 例) 料理がおいしくない／値段が高い
② 例) テストが良かった／田中くんと約束がある
③ 例) 先生が怒る／先生に怒られる

文法5 練習1
① 作っ　② 買っ
③ 1 ポンくんに　2 教えてほしいです
④ 1 エルダさんに　2 歌ってほしいです

練習2
① アンさん　② 王さん

文法6 練習
① 卒業する　② 高校受験　③ 修学旅行　④ 開会

「本文」についての質問
① 手話でコミュニケーションを図ります。
② 視覚で理解をしているからです。
③ 1 ○　2 ×　3 ○　4 ×

12課

文法1 練習1
① 開けた　② 出した　③ 履いた　④ 行った

練習2
① 干した　② つけた／貼った

文法2 練習
① エルダさん　② 生徒　③ お母さん　④ 先生

文法3 練習1
① スマホ　② ベッド　③ テーマ　④ 交流

文法4 練習1
① 話し合った　② 迷った　③ した　④ 調べた

練習2
① 例) 100点を取った／1番だった

② 1 例）ポテトチップス／ハンバーガー

　　2 例）太ってしまった／制服が着られなくなった

文法5 練習1 ① b　② b

　　　　練習2 ① 来る　② 破る　③ 歌う　④ 買う

文法6 練習 ① 流行する　② 滑る　③ 津波の　④ 絶滅の

「本文」についての質問 ① 地球の温度が上がることです。

　　② 1 ×　2 ○　3 ○　4 ×

13課

文法1 練習 ① 新聞／写真　② 練習／経験　③ 経験　④ 事務室

　　⑤ 写真／新聞

文法2 練習 ① b　② a　③ b　④ a　⑤ a

文法3 練習 ① 1 行く　2 行く　② 帰る　③ 行く　④ 入る

　　⑤ 買う　⑥ 休む／見学する／泳がない

文法4 練習1 ① a　② b　③ b　④ a　⑤ a

　　　　練習2 ① 例）漫画

　　② 例）ごみ捨て／食事の後片づけ

文法5 練習 ① プリント／例　② 地図　③ レシピ　④ 例

　　⑤ 天気予報

「本文」についての質問 1) ① 11月に見学に来たとき、先輩たちの練習の雰囲気がと

　　ても良かったからです。

　　② 毎日部活で練習したからです。

　　2) ① 数学（の計算問題）を勉強しました。

　　② 教科書の解き方のとおりに順番にやりました。

14課

文法1 練習 ① b　② a　③ c

文法2 練習 ① 苦手だ（／できない）　② できない　③ 優しい

　　④ 不便な

文法3 練習1 ① a　② a　③ a　④ b

　　　　練習2 ① コース　② 本　③ やり方　④ 予定／コース

文法4 練習1 ① c　② b　③ c

練習2　①　b　②　a　③　a

文法5　練習　①　b　②　b　③　a

「本文」についての質問　1）①　働くことを中心にいろいろな経験を大人の人から聞く機会になります。

②　(受け入れ先の)会社の担当者に電話しました。

2）①　○　②　×　③　×　④　○

15課

文法1　練習　1　来て　2　食べて　3　始めて　4　がんばって　5　来て　6　会って

文法2　練習1　①　a　②　a　③　b　④　b

練習2　①　a　②　b

文法3　練習　①　痛くない　②　知らない／知らなかった　③　勝てないわけはない

文法4　練習　①　休ませて　②　帰らせて　③　帰らせて

文法5　練習　①　する　②　帰ることになる

文法6　練習　①　a　②　b　③　a

「本文」についての質問　①　受け入れ先の立場に立って考えることです。

②　(感謝の)気持ちを表すことです。

16課

文法1　練習　①　b　②　d　③　a　④　c

文法2　練習　①　本を借りる　②　運転する　③　見学の／見学に行く

④　地震の／地震が起きた

文法3　練習　①　電気

②　1　ロボット　2　例)勉強し／宿題をし／学校に行っ

文法4　練習　①　やります／します　②　出さ／やら／し

文法5　練習1　①　生活　②　話し合いをします／会議をします

③　1　人口　2　世界の平均寿命

練習2　例)2　例)世界の平均寿命

例)日本は男性も女性も平均寿命が長い／女性のほうが男性より寿命が長い

150

文法6　練習

「本文」についての質問

① 食べ　② 持ち　③ 数え

① 漢字は決まった意味を表すからです。
② 外国の地名、人名、外国から来た言葉、ファッション、スポーツ、物音や動物の声などです。
③ 育児をするメンズ（男性）です。
④ 絵文字一つで意味を表すことができるからです。
⑤ 言葉の多様性です。

解答　15〜16課　**151**

監修者
庵功雄　　一橋大学国際教育交流センター　教授

編著者
志村ゆかり（5課・11課担当）　　一橋大学国際教育交流センター　非常勤講師

著者
志賀玲子（3課・15課担当）　　明海大学外国語学部　専任講師
渋谷実希（6課・7課担当）　　一橋大学大学院経営管理研究科国際企業戦略専攻　非常勤講師
武一美（4課・14課担当）　　早稲田大学日本語教育研究センター　非常勤講師
永田晶子（1課・12課担当）　　イーストウエスト日本語学校　非常勤講師
樋口万喜子（9課・13課担当）　　元横浜国立大学国際戦略推進機構日本語教育部　非常勤講師
宮部真由美（2課・10課担当）　　鳴門教育大学大学院学校教育研究科　准教授
頼田敦子（8課・16課担当）　　横浜市教育委員会　日本語講師・横須賀市教育委員会　日本語指導員

翻訳　　スリーエーネットワーク（英語）　　徐前（中国語）　　有限会社イスパニカ（スペイン語）

イラスト　　Creative0 株式会社　　瀧谷はるか（5課にっしーくん考案）

装丁・本文デザイン　　株式会社オセロ

中学生のにほんご　社会生活編
—外国につながりのある生徒のための日本語—

2019 年 11 月 22 日　初版第 1 刷発行
2024 年 2 月 20 日　第 4 刷 発 行

編著者　　志村ゆかり
著　者　　志賀玲子　渋谷実希　武一美　永田晶子　樋口万喜子
　　　　　宮部真由美　頼田敦子
発行者　　藤嵜政子
発　行　　株式会社スリーエーネットワーク
　　　　　〒102-0083　東京都千代田区麹町 3 丁目 4 番
　　　　　　　　　　　トラスティ麹町ビル 2F
　　　　　電話　営業　03（5275）2722
　　　　　　　　編集　03（5275）2725
　　　　　https://www.3anet.co.jp/
印　刷　　萩原印刷株式会社

ISBN978-4-88319-799-6　C0081
落丁・乱丁本はお取替えいたします。
本書の全部または一部を無断で複写複製（コピー）することは著作
権法上での例外を除き、禁じられています。

中学生のにほんご 社会生活編

外国につながりのある生徒のための日本語

別冊

- この本の主な登場人物
- 言葉リスト（課順　英語・中国語・スペイン語訳付き）

スリーエーネットワーク

▶ この本の主な登場人物

名前		性別	年齢	出身／母語	家の場所	部活	得意なこと
王雪		女	14才 (3年生)	中国 中国語	関内	漫画部	絵 漢字
チェ・ユンソク		男	13才 (2年生)	韓国 韓国語	横浜	漫画部	絵 数学
グエン・アン		女	13才 (2年生)	ベトナム ベトナム語	石川町	テニス部	
エルダ・クルーズ		女	14才 (3年生)	フィリピン タガログ語	桜木町	音楽部	ダンス 英語
田中健太		男	15才 (3年生)	日本 中国語	横浜	テニス部	テニス 英語
ポンサクレック・ デーンダー		男	15才 (3年生)	タイ タイ語	関内		歌 数学
ルイ・ダ・シルヴァ		男	14才 (2年生)	ブラジル ポルトガル語	横浜	野球部	
カルロス・カマラ		男	15才 (3年生)	ブラジル ポルトガル語	横浜		英語 中国語
木村結月 (ボランティア)		女	28才	日本 日本語	関内		
小林光一先生 (国際教室担当)		男	30才	日本 日本語	石川町		

別冊　この本の主な登場人物　3

▶ 言葉リスト

日本語	英語	中国語	スペイン語
1課			
ポップカルチャー	pop culture	流行文化	cultura pop
きもの（着物）	kimono	和服	kimono
しょどう（書道）	calligraphy	书法	caligrafía
でんとうてき（な）（伝統的（な））	traditional	传统	tradicional
ぶんか（文化）	culture	文化	cultura
いちど（一度）	once	一次	una/alguna vez
わかもの（若者）	young people	年轻人	juventud, gente joven
せかいじゅう（世界中）	all over the world	全世界	en todo el mundo
まいとし（毎年）	every year	每年	todos los años
こくさい（国際）	international	国际	internacional
ひらく（開く）	hold	召开、举办	celebrarse
せかい（世界）	world	世界	mundo
アニメソング	anime song	动漫主题歌	canción de anime
コスプレたいかい（コスプレ大会）	cosplay contest	角色扮演大会	concurso de cosplay
おこなう（行う）	hold	举行	celebrar
さんかする（参加する）	take part in	参加	tomar parte
いけん（意見）	opinion	意见	opinión
せいふく（制服）	school uniform	校服	uniforme escolar
できる	be able to	可以	poder
ふべん（な）（不便（な））	inconvenient	不方便	poco práctico, engorroso
きる（着る）	wear	穿	llevar, vestir
あるきスマホ（歩きスマホ）	walking while on the phone	边走边看手机	uso del móvil caminando
よい（良い）	good	好	estar bien
そうおもいます（そう思います）	I think so.	我认为是这样的。	Así lo creo.

4

日本語	英語	中国語	スペイン語
[おまつりが] ある （[お祭りが] ある）	[festival] be held	有 [庙会]	haber [una fiesta]
すいりょう（推量）	guess	推量	suposición
ポスター	poster	招贴画、海报	póster
パンや（パン屋）	bakery	面包店	panadería
きっと	surely	一定	seguramente
けんこう（な）（健康（な））	health	健康	sano
[しょくじを] とる （[食事を] 取る）	have [a meal]	吃 [饭]	tomar [una comida]
たいふう（台風）	typhoon	台风	tifón
ちかづく（近づく）	approach	靠近、临近	acercarse
あす（明日）	tomorrow	明天	mañana
おおあめ（大雨）	heavy rain	大雨	fuertes lluvias
はってん（する）（発展（する））	develop	发展	desarrollarse
こんがっき（今学期）	this term	这个学期	este periodo escolar
ぶんぽう（文法）	grammar	语法	gramática
それに	besides	而且	además
にんきがでる（人気がでる）	become popular	开始红起来	hacerse popular
ひろがる（広がる）	spread	传播开来	extenderse
また	also	另外	además, por otra parte
さいごに（最後に）	at the end	最后	al final
[てんすうが] でる （[点数が] 出る）	[the score] come out	显示 [分数]	aparecer [la puntuación]
ぜんこく（全国）	the whole country	全国	todo el país
スマートフォン	smartphone	智能手机	smartphone, teléfono inteligente
かく（書く）	write	写	escribir
コーナー	section	专柜	sección

別冊　言葉リスト（1課）　5

日本語	英語	中国語	スペイン語
がいこくじん（外国人）	foreigner	外国人	extranjero
だいがくじゅけん（大学受験）	entrance examination for college	高考	examen de ingreso en la universidad
もんだいしゅう（問題集）	workbook	试题汇编	cuaderno de ejercicios
（お）さけ（（お）酒）	alcohol	酒	licor
しやくしょ（市役所）	municipal office	市政府	ayuntamiento, municipalidad
あちら	over there	那边	allí
～かこくご（～か国語）	~ language(s)	～国语言	~ idioma(s)
クリスマス	Christmas	圣诞节	Navidad
ゲームき（ゲーム機）	gaming device	游戏机	consola, aparato de juegos
ふえる（増える）	increase	增加	aumentar
しかる（叱る）	scold	训斥、批评	regañar
ストレス	stress	精神压力	estrés
かいしょうする（解消する）	relieve	消除	aliviar
プログラミング	programming	编程	programación
ストーリー	story	故事情节	historia, relato
～ひつようがある（～必要がある）	have to ~	有必要～	ser necesario ~, tener que ~
ゲームクリエーター	game creater	游戏开发者	creador de juegos
むしば（虫歯）	cavity, tooth decay	虫牙	caries
トピック	topic	课题	tema
うけみ（受身）	passive voice	被动态	voz pasiva
きもち（気持ち）	feeling	心情	sentimiento
なぐる（殴る）	hit, punch	打、殴打	golpear
しゅご（主語）	subject	主语	sujeto
たてる（建てる）	build	建造	construir
つくる（造る）	make, build	制造、建造	hacer, fabricar

日本語	英語	中国語	スペイン語
2課			
ことわざ	proverb	谚语	refrán
うそをつく	tell a lie	撒谎	mentir
こうかいする（後悔する）	regret	后悔	arrepentirse
いど（井戸）	well	水井	pozo
カエル	frog	青蛙	rana
ぜんせかい（全世界）	the whole world	全球、全世界	todo el mundo
まんぞくする（満足する）	be satisfied	满足、满意	estar satisfecho
ちしき（知識）	knowledge	知识	conocimientos
える（得る）	acquire	获得	adquirir
だいじ（な）（大事（な））	important	重要	importante
ひろげる（広げる）	broaden	扩展	ampliar
チョコレートケーキ	chocolate cake	巧克力蛋糕	pastel/tarta de chocolate
えきまえ（駅前）	in front of the station	车站前	frente a la estación
ないよう（内容）	content	内容	contenido
もも（桃）	peach	桃	melocotón, durazno
おとこのこ（男の子）	boy	男孩子	niño, chico
おに（鬼）	ogre	妖怪	ogro
たいじする（退治する）	slay	击退	vencer
たたかう（戦う）	fight	战斗	luchar
はる（春）	spring	春天	primavera
さくら（桜）	cherry blossom	樱花	cerezo
さく（咲く）	bloom	开（花）	florecer
き（木）	tree	树	árbol
レジャーシート	ground sheet	野餐垫	mantel de picnic
なかま（仲間）	fellow	伙伴	compañero
はなみ（花見）	cherry blossom-viewing party	赏花	contemplación de las flores del cerezo

別冊　言葉リスト（2課）　7

日本語	英語	中国語	スペイン語
だんご（団子）	dumpling	丸子	bola de harina de arroz cocida al vapor
じっさいに（実際に）	actually	实际	en la práctica
りえき（利益）	profit	利益	beneficio
あたたか（な）（暖か（な））	warm	暖和	cálido
ひざし（日差し）	sunshine	阳光	sol, rayos del sol
ふゆ（冬）	winter	冬天	invierno
きせつ（季節）	season	季节	estación (del año)
なつ（夏）	summer	夏天	verano
かける	multiply	乘	multiplicar
どの	which	哪一个	cuál, qué
ボタン	button	开关、按钮	botón
スタートする	start	开始、启动	empezar, comenzar
めざましどけい（目覚まし時計）	alarm clock	闹钟	despertador
あかちゃん（赤ちゃん）	baby	婴儿	bebé
いっぱんてき（な）（一般的（な））	in general	一般	en general
じょうしき（常識）	common sense	常识	sentido común
あたりまえ（当たり前）	usual	理所当然	normal, lógico
おしゃべり	chat	聊天	charla
すぎる	pass	（时间）过	pasar
でてくる（出てくる）	appear	出现	salir, aparecer
にんぎょう（人形）	doll	偶人、玩偶	muñeco
まるで〜ように	as if 〜	宛如〜	como si 〜
にんげん（人間）	human being	人、人类	ser humano
うそ	lie	谎言	mentira
のびる（伸びる）	grow longer	伸长	alargarse
しゅじんこう（主人公）	main character	主人公	protagonista
はいっている（入っている）	be included, be contained	有着、放有	estar contenido
もしかすると	perhaps	或许、说不定	quizás

日本語	英語	中国語	スペイン語
かんけい（関係）	connection	关系	relación
かんがえ（考え）	thoughts	想法、意见	opinión
うそつき	liar	爱说谎的人	mentiroso
どろぼう（泥棒）	thief	小偷、盗贼	ladrón
あらわす（表す）	express	表示	expresar
つまり	in other words	即、也就是说	es decir
あくのみちへはいる（悪の道へ入る）	take the wrong way of life	走向邪恶之道	tomar el mal camino
だいいっぽ（第一歩）	first step	第一步	primer paso
コック	cook	厨师	cocinero
ゆき（雪）	snow	雪	nieve
はだ（肌）	skin	皮肤	piel
はれる（晴れる）	clear	晴	despejar(se)
あおい（青い）	blue	蓝色	azul
もしかして	perhaps	也许	quizás
かのうせいがある（可能性がある）	be a possibility	有可能	existir la posibilidad
ひかる（光る）	shine	闪耀、闪光	brillar
おんなのひと（女の人）	woman	女人	mujer
こいびと（恋人）	boy/girlfriend	恋人	enamorado, novio
ワールドカップ	World Cup	世界杯锦标赛	Copa Mundial
にっぽんチーム（日本チーム）	Japan national team	日本队	selección nacional de Japón
せんしゅ（選手）	player	选手	jugador
おうえんする（応援する）	cheer, support	应援、助威	animar
もんくをいう（文句を言う）	complain	发牢骚	quejarse
おとしより（お年寄り）	old people	老人	anciano, persona mayor
ゆずる	give up	让给	ceder
しつれい（な）（失礼（な））	rude	失礼、无礼	grosero, maleducado

別冊　言葉リスト（2課）　9

日本語	英語	中国語	スペイン語
やくそく（約束）	promise	约定	compromiso
ころ（頃）	as, when	时候、时期	siendo ..., cuando era ...
けいけんする（経験する）	experience	经历、体验	tener la experiencia
ちいさい（小さい）	little	小	pequeño
ほかの（他の）	another	其他的	otro, diferente
がくせい（学生）	student	学生	estudiante
たいひ（対比）	contrast	对比	contraste

3課

日本語	英語	中国語	スペイン語
にんきしょうひん（人気商品）	popular product	受欢迎的商品、人气商品	producto popular
いじょう（以上）	over	以上	más de
たび（旅）	journey	旅行	viaje
たびにでる（旅に出る）	go on a journey	去旅行	salir de viaje
のうさぎょう（農作業）	farm work	农活	labores del campo
のり	laver	海苔、紫菜	alga
まく（巻く）	wrap	卷	enrollar
しゅうかん（習慣）	custom	习惯	costumbre
［しゅうかんが］できる（［習慣が］できる）	[the custom] come into existence	形成［习惯］	crearse, formarse [una costumbre]
えきべん（駅弁）	a box lunch sold at a station	车站便当	comida que se vende en la estación
はつばい（する）（発売（する））	sell	出售	vender
ちゅう（注）	note	注释	nota
なかみ（中身）	content	内容	contenido
うめぼし（梅干し）	pickled ume	咸梅、梅干	ciruela encurtida
たくあん	pickled Japanese radish	腌咸萝卜	nabo en pasta de salvado y sal
てつどう（鉄道）	railroad	铁路	ferrocarril

日本語	英語	中国語	スペイン語
いくつか	some	几个	varios
せつ（説）	opinion	说法	teoría
にんきの（人気の）	popular	受欢迎的、有人气的	popular
～だけど	(introductory expression)	（引言（开场白），一种接续表现）	(expresión introductoria)
こめづくり（米作り）	rice farming	水稻栽培	cultivo del arroz
ながいあいだ（長い間）	for a long time	长期	durante mucho tiempo
（お）こめ（（お）米）	rice	大米、稻米	arroz
あね（姉）	(big) sister	姐姐	hermana mayor
にぎる（握る）	grasp	攥	compactar ahuecando las manos
なぜ	why	为什么	por qué
あたたかい（温かい）	hot	热	caliente
さめる（冷める）	get cool	变凉	enfriar(se)
かたち（形）	shape	形状	forma
ほんらい（本来）	essentially	本来	originariamente, de suyo
さんかく（三角）	triangle	三角形	triángulo
たわらがた（俵型）	cylindrical shape	圆柱形	forma cilíndrica
まるがた（丸型）	round shape	圆形	forma redonda
たべかた（食べ方）	way to eat	吃法	modo de comer
ず（図）	figure	图	gráfico, diagrama
ペン	pen	笔	bolígrafo
おじさん	uncle	伯父、叔父、舅舅	tío
そうさ（操作）	operation	操作	manejo
ひょうげん（する）（表現（する））	express	表现	expresar
いんしょくきんし（飲食禁止）	No food or drinks	禁止饮食	prohibido comer y beber
できるだけ	as ~ as possible	尽可能	tan ... como sea posible
きにしない（気にしない）	do not mind	不介意	no dar importancia, no preocuparse

別冊　言葉リスト（3課）

日本語	英語	中国語	スペイン語
アンケートをとる	do survey	进行问卷调查	hacer una encuesta
～い（～位）	~ place	第～名	~ puesto
のりもの（乗り物）	vehicle	交通工具	vehículo
さけ（鮭）	salmon	鲑鱼、三文鱼	salmón
～ばんめ（～番目）	~ place	第～位	~ lugar, ~ posición
ツナ	tuna	金枪鱼肉	atún
おおぜい（大勢）	many people	很多	mucha gente
しかし	but	但是	sin embargo
せいちょうき（成長期）	period of growth	发育期	etapa de crecimiento
えいよう（栄養）	nutrition	营养	alimentación, nutrición
バランス	balance	平衡	equilibrio
（お）にく（（お）肉）	meat	肉	carne
まだ	still	还	todavía
すいえいぼうをかぶる（水泳帽をかぶる）	wear swimming cap	戴游泳帽	llevar gorro de baño
ルール	rule	规则	norma, regla
ぎむ（義務）	obligation	义务	deber
［ルールを］まもる（［ルールを］守る）	obey [rules]	遵守［规则］	cumplir [las normas]
しゅちょう（する）（主張（する））	insist	主张	presentar, defender
せいとかい（生徒会）	the student council	学生会	consejo de alumnos
えんぜつかい（演説会）	speech meeting	演讲会	sesión de discursos de los candidatos
なくす	abolish	废止	abolir, quitar
せっきょくてき（な）（積極的（な））	active	积极	activo
しゅるい（種類）	kind	种类	tipo
ふやす（増やす）	increase	增加	aumentar
おもいで（思い出）	memory	回忆	recuerdo

日本語	英語	中国語	スペイン語

4課

日本語	英語	中国語	スペイン語
ガラガラうがい	gargle	仰头漱喉咙	gárgaras
たいないどけい（体内時計）	biological clock	生物钟	reloj biológico
しょくせいかつ（食生活）	eating habits	饮食生活	hábitos alimenticios
ポテトチップス	potato chip/crisp	炸土豆片	papas, patatas fritas (de bolsa)
さとう（砂糖）	sugar	砂糖	azúcar
りょう（量）	amount	量、数量	cantidad
ひつよう（な）（必要（な））	necessary	必要	necesario
エネルギー	energy	能量	energía
フライドポテト	French fries, chips	炸薯条	papas, patatas fritas
あぶら（油）	oil	油	aceite
しぼう（脂肪）	fat	脂肪	grasa
とりすぎ（取りすぎ）	excessive intake	吸收过量	excesiva ingesta, tomar demasiado
どんどん	rapidly	不断地	más y más
いきる（生きる）	live	生存	vivir
たべすぎ（食べすぎ）	overeating	吃过量	sobrealimentación
〜ふくろ／ぷくろ（〜袋）	~ bag	〜袋	~ bolsa(s)
カロリー	calorie	热量	caloría
しょうひする（消費する）	burn	消耗	quemar
えらぶ（選ぶ）	choose	选择	elegir
おこづかい	allowance	零花钱	paga, asignación
ドライマンゴー	dried mango	芒果干	mango seco
プリント	work sheet, handout	(印有)作业题等的用纸	hoja de ejercicios
［せんせいがしゅくだいを］だす（［先生が宿題を］出す）	[teacher] give [homework]	[老师]留[作业]	poner [deberes el profesor]
ちがう（違う）	be different	不同、不一样	diferente

別冊　言葉リスト（4課）　　*13*

日本語	英語	中国語	スペイン語
おしゃれ（な）	fashionable	喜欢漂亮、讲究	bien vestido, a la moda
わだい（話題）	topic	话题	tema de conversación
かがくへんか（化学変化）	chemical reaction	化学変化	cambio químico
ずけい（図形）	figure	图形	figura
ちゅうがく（中学）	junior high school	初中	escuela secundaria
はなしあう（話し合う）	talk over	商量、讨论	conversar
～くみ（～組）	class ~	～班	clase ~
［からだを］まもる（［体を］守る）	protect [body]	保护［身体］	proteger [el cuerpo]
ばいきん（ばい菌）	germ	细菌	bacteria
てあらい（手洗い）	hand washing	洗手	lavado de manos
ノロウィルス	norovirus	诺罗病毒	norovirus
（あらい）ながす（（洗い）流す）	wash away	冲洗	eliminar lavando
せっけん（石けん）	soap	肥皂	jabón
あわ（泡）	bubble	泡沫	espuma
よぼう（予防）	prevention	预防	prevención
むく（向く）	look (up)	向、朝	mirar hacia algo
おく（奥）	back	里面、深处	fondo
「ペッ」とだす（「ペッ」と出す）	spit	"呸"地吐出	escupir
バイバイ	bye-bye	拜拜、再见	adiós
じょうほうげん（情報源）	source of information	信息来源	fuente de información
ニュージーランド	New Zealand	新西兰	Nueva Zelanda
［じしんが］ある（［地震が］ある）	[earthquake] occur	有［地震］	ocurrir [un terremoto]
きょうりゅう（恐竜）	dinosaur	恐龙	dinosaurio
たおす（倒す）	defeat	打倒	derribar
よろこぶ（喜ぶ）	be delighted, be overjoyed	高兴	alegrarse
かぜ（風）	wind	风	viento
［かぜが］ふく（［風が］吹く）	[wind] blow	刮［风］	soplar [un viento]

日本語	英語	中国語	スペイン語
たいかい（大会）	meeting, competition	大会	campeonato, competición
なみだ（涙）	tear	眼泪	lágrima
はなみずがでる（鼻水が出る）	have a runny nose	流鼻涕	moquear
リズム	rhythm	节奏	ritmo
たいよう（太陽）	sun	太阳	sol
あびる（浴びる）	bathe	晒	tomar (el sol)
ながさ（長さ）	length	长（度）	duración
ちょうせいする（調整する）	adjust	调整	ajustar
ですから	so	所以、因此	así que …
みだれる（乱れる）	be disturbed	乱、紊乱	desfasarse
たいちょうふりょう（体調不良）	poor health	身体不好	mala condición física
たとえば（例えば）	for example	比如	por ejemplo
ねむる（眠る）	sleep	睡觉	dormir
おきる（起きる）	occur, happen	发生	ocurrir
きそくただしい（規則正しい）	regular	有规律	regular
ちから（力）	power	力量	fuerza
もりもり	more and more	迅猛地	a raudales, en abundancia
［ちからが］でる（［力が］出る）	become powerful	有［劲儿］、产生［力量］	venir [las fuerzas]
のう（脳）	brain	脑子	cerebro
はたらき（働き）	working	作用	funcionamiento
あそび（遊び）	play	玩儿	ocio, diversión
うまくいく（上手くいく）	go well	顺利	ir bien
つらい（辛い）	hard	难受	duro
げんいん（原因）	cause	原因	causa
はやねはやおき（早寝早起き）	going to bed early and getting up early	早睡早起	acostarse y levantarse temprano
しゅだん（手段）	means	手段	medio

別冊　言葉リスト（4課）　　15

日本語	英語	中国語	スペイン語
ふせぐ（防ぐ）	prevent	预防	prevenir
うしなう（失う）	lose	失去	perder
かんしん（関心）	interest	关心	interés
つなみ（津波）	tsunami, tidal wave	海啸	tsunami, maremoto
はつめい（発明）	invention	发明	invento
まなぶ（学ぶ）	learn	学习	aprender
ブクブクうがい	rinse	把水含在口中用力漱口	enjuague
ようす（様子）	appearance	情况	aspecto
ふらふら（する）	feel dizzy	晕呼呼	marearse
めんせつ（面接）	interview	面试	entrevista
どきどき（する）	get nervous	忐忑不安	ponerse nervioso

5課

日本語	英語	中国語	スペイン語
マスコットキャラクター	mascot character	吉祥物偶像	mascota representativa
やわらかい（柔らかい）	soft	柔软、柔和	suave
のんびりする	relax	悠闲自在	relajado
ちいき（地域）	region	地域、地区	región
かくち（各地）	every part of the country	各地	las distintas regiones del país
せんでん（宣伝）	advertisement	宣传	publicidad
やくだつ（役立つ）	help	起作用、有用	servir
［テレビに］でる（［テレビに］出る）	appear [on TV]	［在电视节目中］登场、出演	salir [en televisión]
テーマソング	theme song	主题歌	tema musical
さらに	besides	并且	además
オリジナルグッズ	original goods	自创商品	productos (goods) originales
はんばいする（販売する）	sell	销售	vender

日本語	英 語	中国語	スペイン語
かれら（彼ら）	they	他们	ellos
グランプリ	grand prix	大奖	gran premio
ふるさと	hometown	故乡、老家	ciudad (pueblo) natal
おぼえる（覚える）	memorize	记住	recordar
きょうみ（興味）	interest	兴趣	interés
きょうみをもつ（興味を持つ）	have an interest in	有兴趣	tener interés
としょいいん（図書委員）	library assistant	图书委员	ayudante (comisionado) de biblioteca
やくわり（役割）	role	任务、作用	papel, rol
たちば（立場）	position	立场	posición
いいん（委員）	monitor	委员	comisionado
ほうそういいん（放送委員）	broadcast monitor	广播委员	encargado de emisiones
がっきゅういいん（学級委員）	class representative	班级委员	delegado de la clase
たいいくいいん（体育委員）	P.E. teachers' helper	体育委员	ayudante de gimnasia
ほけんいいん（保健委員）	school health-care committee member	保健委员	comisionado de salud
へいじつ（平日）	weekday	平日	día de semana
にこ（二胡）	(name of Chinese musical instrument)	二胡	erhu (violín chino)
こうみんかん（公民館）	communitiy center	公民馆	centro comunitario
らっかせい	peanut	花生	cacahuete, maní
さんち（産地）	growing district	产地	región productora
（お）ちゃ（（お）茶）	(green) tea	茶	té verde
とくさんぶつ（特産物）	special product	土特产	producto típico
おどろく（驚く）	be surprised	吃惊	sorprenderse
ほね（骨）	bone	骨头	hueso
ポルトガルご（ポルトガル語）	Portuguese	葡萄牙语	portugués (idioma)
バスケ	basketball	篮球	baloncesto, basket
けんどう（剣道）	kendo	剑术	kendo

別冊 言葉リスト（5課）　17

日本語	英語	中国語	スペイン語
スポーツマン	sportsman	运动员	deportista
くわしく（詳しく）	in detail	详细地	detalladamente
はつあんする（発案する）	think up	提案	proponer, sugerir
にし（西）	west	西	oeste
イラスト	illustration	插图	ilustración
うんどうかい（運動会）	atheletic meeting, sports day	运动会	festival deportivo
したしみをもつ（親しみをもつ）	like	有亲切感	sentir simpatía
きぐるみ（着ぐるみ）	mascot costume	卡通人偶服装	disfraz de mascota
あくしゅする（握手する）	shake hands	握手	darse la mano
てんき（転機）	turning point	转机	momento decisivo
なかがいい（仲がいい）	be friendly with	关系亲密	llevarse bien
ならいはじめる（習い始める）	start to learn	开始学习	empezar a aprender
なっとく（納得）	satisfaction	理解	convencimiento
えへへ	(laughing lightly) he, he	嘿嘿	je, je
それじゃ	that is why	那么	así
だいかつやく（大活躍）	taking an active part in	非常活跃	(hacer) un gran papel
ねん（年）	year	年	año
とうひょうする（投票する）	vote	投票	votar
とし（年）	year	年	año
ランキング	ranking	名次、等级	ranking
はっぴょうする（発表する）	make public	发表、公开	hacer público
エントリー	entry	报名参加	inscripción
かいがい（海外）	overseas	海外	extranjero
びっくりする	be surprised	吃惊、吓一跳	sorprenderse
かわ（川）	river	江、河	río
しぜん（自然）	nature	自然	naturaleza
たましい（魂）	soul	灵魂	alma
このように	like this	这样、如此	así, de esta forma

日本語	英語	中国語	スペイン語
にんげんせい（人間性）	human nature	人性	carácter humano
かんじる（感じる）	feel	感觉	sentir
いえる（言える）	you can say	可以说	poder decirse
きみ（君）	you	你	tú
［100てんを］とる（［100点を］取る）	get [a grade of 100]	得［100分］	obtener/sacar [100 puntos]
てれる（照れる）	be shy, be embarrassed	害羞、难为情	sentir vergüenza
かんどうする（感動する）	be moved	感动	conmoverse, emocionarse
まどガラス（窓ガラス）	window	窗玻璃	vidrio de la ventana
わる（割る）	break	打破、弄碎	romper
スカート	skirt	裙子	falda
かんりょうする（完了する）	complete	完了	completar
きょうちょう（する）（強調（する））	emphasize	强调	recalcar
はやい（速い）	fast	快	rápido
りょうほう（両方）	both	两者	ambos
くだもの（果物）	fruit	水果	fruta
きまつしけん（期末試験）	end-of-term examination	期末考试	examen final
みつかる（見つかる）	be found	找到	poder encontrar

6課

日本語	英語	中国語	スペイン語
ちがい（違い）	difference	不同、差异	diferencia
みりょくてき（な）（魅力的（な））	attractive	有魅力	atractivo
ある	one	某、某个	uno, cierto
だいがく（大学）	university	大学	universidad
けんきゅう（研究）	research	研究	investigación
ほそい（細い）	narrow	细	estrecho, entornado
はんげつ（半月）	half moon	半月	media luna
どんなふう	how	怎样的	de qué tipo, de qué modo

別冊 言葉リスト（6課）　19

日本語	英語	中国語	スペイン語
にこにこ（わらう） （にこにこ（笑う））	smile	微微（笑）	risueño
げらげら（わらう） （げらげら（笑う））	guffaw	哈哈（笑）	a mandíbula batiente
ワハハ	(laughing by opening one's mouth widely)	哈哈（大笑）	(a carcajadas)
わらいかた（笑い方）	how to smile or laugh	笑法	forma de reír
こうばん（交番）	police box	派出所	puesto de policía
おとす（落とす）	lose	丢失	perder
とどく（届く）	arrive	送交	ser entregado, llegar
げんかん（玄関）	entrance	正门	vestíbulo
ドア	door	门	puerta
たつ（立つ）	stand	站	levantarse
そふ（祖父）	grandfather	爷爷、姥爷	abuelo
シャンプー	shampoo	洗发水	champú
かえる（変える）	change	变、改变	cambiar
かみのけ（髪の毛）	hair	头发	pelo, cabello
はえる（生える）	grow	长、生	salir, crecer
うちの	my/our	我家的	mi, nuestro
きこう（気候）	climate	气候	clima
ほとんど	almost	几乎	casi
さいこうきおん（最高気温）	the maximum temperature	最高气温	temperatura máxima
あたたかい（暖かい）	warm	暖和	cálido
そうなんですか	Is that so?	是这样啊。	¿Ah, sí?
からい（辛い）	hot	辣	picante
せんしゅうまつ（先週末）	last weekend	上周末	el fin de semana pasado
がいしゅつする（外出する）	go out	外出	salir
ほけんだより（保健だより）	Nurse's Office Bulletin	保健信息	boletín de la enfermería

日本語	英語	中国語	スペイン語
すいぶん（水分）	water	水分	agua, líquidos
たりない（足りない）	lack	不够	ser insuficiente, no bastar
コップ	glass	杯子	vaso
〜はい／ばい／ぱい（〜杯）	glass(es) of 〜	〜杯	〜 vaso(s) (cantidad)
すごす（過ごす）	live	过（日子）	pasar
まるい（丸い）	round	圆	redondo
ほほえむ	smile	微笑	sonreír
かいすう（回数）	frequency	次数	frecuencia
へる（減る）	decrease	减少	disminuir
じょせい（女性）	woman	女性	mujer
へいきん（平均）	on average	平均	promedio
やく〜（約〜）	about 〜	约〜	aproximadamente 〜
ちょうさ（調査）	survey	调查	estudio
じゅみょう（寿命）	life	寿命	duración de la vida
えいきょうがある（影響がある）	have an effect	有影响	influir
けんきゅうチーム（研究チーム）	research team	研究团队	equipo de investigación
プロやきゅうせんしゅ（プロ野球選手）	professional baseball player	专业棒球选手	beisbolista profesional
かおじゃしん（顔写真）	face photo	脸部相片	retrato
うつる（写る）	come out	（相片上）照（着）	salir
へいきんじゅみょう（平均寿命）	average life expectancy	平均寿命	promedio de vida
さ（差）	difference	差、相差	diferencia
さまざま（な）	various	各种各样	diversos
へらす（減らす）	reduce	减少	reducir
けつあつ（血圧）	blood pressure	血压	tensión arterial, presión arterial
さげる（下げる）	lower	降低	bajar
こうか（効果）	effect	效果	efecto
こうかがある（効果がある）	have an effect	有效	tener efecto

日本語	英語	中国語	スペイン語
わらい（笑い）	smile	笑	risa
りょうほう（療法）	therapy	疗法	terapia
かんじゃ（患者）	patient	患者	paciente
らくご（落語）	comic storytelling	单口相声	cuento cómico
かんしんする（感心する）	be impressed	佩服	quedar impresionado
ちゃわん	rice bowl	饭碗	bol de arroz
ぜんぜん（全然）	completely	完全	totalmente
しんゆう（親友）	best friend	好朋友	amigo íntimo
りゅうがくせい（留学生）	overseas student	留学生	estudiante llegado de fuera
りゅうがくする（留学する）	study abroad	留学	estudiar en el extranjero
すてる（捨てる）	throw away	扔掉	tirar, botar
そだてる（育てる）	grow	栽培	cultivar
しゃべる	talk	说话	hablar
むくち（な）（無口（な））	taciturn	少言寡语	parco, callado
サッカーぶ（サッカー部）	soccer club	足球部	club de fútbol
しえき（使役）	causative	使役	factitivo, causativo
めいれい（命令）	order	命令	orden
きょうせい（強制）	compulsion	强制	coacción
しえきけい（使役形）	causative form	使役形	forma factitiva, forma causativa
しげき（刺激）	stimulation	刺激	estímulo
あたえる（与える）	give	给、给与	dar
しあわせ（な）（幸せ（な））	happy	幸福	feliz
おこる（起こる）	occur, happen	发生	ocurrir
しあわせ（幸せ）	happiness	幸福	felicidad
えがおをつくる（笑顔を作る）	put on a smile	装出笑脸	poner una sonrisa
あくび	yawn	呵欠	bostezo
でんせんする（伝染する）	infect	传染	contagiarse

日本語	英語	中国語	スペイン語
おかしい	funny	可笑、滑稽	gracioso
すがた（姿）	appearance	样子、身姿	aspecto, (ver) cómo ~
なぜか	somehow	不由得	por alguna razón
チャンス	chance	机会	oportunidad, chance
しんじる（信じる）	believe	相信	creer
よぼうちゅうしゃ（予防注射）	vaccination	预防针	vacuna
［よぼうせっしゅを］うける（［予防接種を］受ける）	get [a vaccination]	打［预防针］	recibir [una vacuna]
ちゅうしゃ（注射）	injection	打针、注射	inyección
インタビューする	interview	采访	entrevistar

7課

日本語	英語	中国語	スペイン語
すべて	all	一切	todo
［しつもんが］ある（［質問が］ある）	have [a question]	有［问题］	tener [una pregunta]
どのように	how	怎样	cómo
あげる（挙げる）	raise	举	levantar
システム	system	制度	sistema
がいこくりょこう（外国旅行）	oversea travel, traveling abroad	海外旅行	viaje por el extranjero
ひょうじ（表示）	sign	标示	letrero
すすんでいく（進んで行く）	go on	往前走	seguir
のはら（野原）	field	原野	campo
そこで	then	此时	entonces
きづく（気づく）	notice	注意到	darse cuenta
～おくにん（～億人）	~ hundred million people	～亿人	~ cientos de millones de personas
そのため	therefore	因此	por eso
えいせい（衛生）	sanitation	卫生	higiene

日本語	英語	中国語	スペイン語
もんだい（問題）	problem	问题	problema
かんせんしょう（感染症）	infectious disease	感染症	enfermedad infecciosa
こくさいきかん（国際機関）	international organization	国际机构	organismo internacional
エヌジーオー（NGO）	non-governmental organization	NGO	organización no gubernamental
プロジェクト	project	项目	proyecto
すすめる（進める）	carry forward	推进	llevar a cabo
ふだん（普段）	usually	平常	normalmente
うたがう（疑う）	doubt	怀疑	poner en cuestión
つくりかた（作り方）	how to make	做法	forma de hacer
やたい（屋台）	stand	大排档	puesto
ならぶ（並ぶ）	line up	鳞次栉比	estar alineado
てじゅん（手順）	procedure	顺序	procedimiento
あしあと（足あと）	footprint	足迹	huella del pie
ひっしゃ（筆者）	writer	笔者	autor
みぶり（身振り）	gesture	姿势（表达意志和感情的动作）	gesto
なにげなく（何気なく）	without intention	无意地、不自觉地	inadvertidamente
ドイツ	Germany	德国	Alemania
ヨーロッパ	Europe	欧洲	Europa
ひとさしゆび（人差し指）	forefinger	食指	dedo índice
たてる（立てる）	raise	竖	levantar
てのひら（手のひら）	palm	手掌	palma de la mano
どうさ（動作）	action	动作	movimiento
ナチス	the Nazis	纳粹	nazismo
れんそうする（連想する）	be reminded of	联想	recordar
［めんせつを］うける（［面接を］受ける）	have [an interview]	接受［面试］	pasar [una entrevista]

日本語	英語	中国語	スペイン語
［あしを］くむ（［足を］組む）	cross [legs]	交叉［腿］	cruzar [las piernas]
リラックスする	relax	放松	relajarse
いんしょう（印象）	impression	印象	impresión
ばんりのちょうじょう（万里の長城）	the Great Wall of China	万里长城	la Gran Muralla China
れきしてき（な）（歴史的（な））	historical	有历史	histórico
だいひょう（代表）	representative	代表	representante
ビタミンシー（ビタミンC）	vitamin C	维他命C	vitamina C
イルカ	dolphin	海豚	delfín
おおくの（多くの）	many	许多的	muchos
えいようそ（栄養素）	nutrient	营养素	nutriente
ねったいぎょ（熱帯魚）	tropical fish	热带鱼	pez tropical
クラゲ	jellyfish	海蜇	medusa
せいかつする（生活する）	live	生活	vivir
しゅっしんち（出身地）	birthplace	出生地	lugar de nacimiento
だいひょうてき（な）（代表的（な））	typical	有代表性	típico
かんこうち（観光地）	tourist spot	旅游景点	punto turístico
かなしむ（悲しむ）	feel sad	悲伤	entristecerse
あんしんする（安心する）	be relieved	放心	tranquilizarse
かんじょう（感情）	emotion	感情	emoción
いたずらをする	play up	搞恶作剧	hacer una travesura
ゆび（指）	finger	手指	dedo
せんもん（専門）	specialty	专业	especialidad
スタッフ	staff	职员	personal
めんどう（な）（面倒（な））	tiresome	麻烦	engorroso, fastidioso
いったい	ever, whatever, on earth	究竟	pero
どのような	what	怎么样的	qué
てん（点）	point	点、方面	punto

別冊　言葉リスト（7課）　25

日本語	英語	中国語	スペイン語
そうすると	then	这样的话、那么	así que
まち（街）	street	城市、街道	calle
たもつ（保つ）	keep	保持	mantener
はこぶ（運ぶ）	carry	搬运	llevar
しぼる	wring	拧	escurrir
バランスよく	well-balanced	均衡地	de forma equilibrada
きんにく（筋肉）	muscle	肌肉	músculo
うごかす（動かす）	move	活动	mover
くんれん（訓練）	training	训练	ejercicio
はたす（果たす）	carry out	完成	desempeñar
じゅうようせい（重要性）	importance	重要性	importancia
コミュニケーション	communication	沟通、交流	comunicación
コミュニケーションをとる	communicate	进行沟通、开展交流	comunicarse
たいせつさ（大切さ）	importance	重要性	importancia
シャワー	shower	淋浴	ducha
じごく（地ごく）	hell	地狱	infierno
うらやましい	jealous	羡慕	envidiable
ヒント	hint	启示	pista
マーク	mark	记号、标记	marca
なぜなら	because	因为	porque
じつげんする（実現する）	realize	实现	realizar
こころみる（試みる）	try	尝试	intentar
いこうけい（意向形）	volitional form	意向形	forma volitiva
とめる（止める）	stop	停止	parar
やせる	become thin	瘦	adelgazar
おぼれる	drown	溺水	ahogarse
とびこむ（飛び込む）	dive	跳进	zambullirse
プロ	professional	专业	profesional

日本語	英語	中国語	スペイン語
サッカーせんしゅ（サッカー選手）	soccer player	足球选手	futbolista
まにあう（間に合う）	can catch	来得及、赶上	llegar a tiempo
たいりょく（体力）	strength	体力	fuerza física
きんりょく（筋力）	muscle	肌肉的力量	fuerza muscular
アップする	increase	提高	aumentar
ゆうひ（夕日）	the evening sun	夕阳	sol poniente
しずむ（沈む）	set	下沉	ponerse, ocultarse
しずみはじめる（沈み始める）	begin to set	开始下沉	empezar a ponerse
ホットケーキ	pancake	薄烤饼、薄煎饼	pancake, panqueque
ちょくぜん（直前）	just before	即将～之前	justo antes
じょうたい（状態）	condition	状态	estado

8課

日本語	英語	中国語	スペイン語
ひとまえ（人前）	in public	人前	en público
スピーチする	give a speech	演说	dar un discurso
おもい（思い）	thought	想法	idea
こんかい（今回）	this time	这次	esta vez
ていぎ（定義）	definition	定义	definición
しぜんすう（自然数）	natural numbers	自然数	número natural
せいのせいすう（正の整数）	positive integer	正整数	número entero positivo
せいすう（整数）	integer numbers	整数	número entero
ちょっかく（直角）	right angle	直角	ángulo recto
ちょくせん（直線）	straight line	直线	línea recta
かばんや（かばん屋）	bag shop	包店	tienda de bolsos
しろ（白）	white	白	blanco
さきに（先に）	first	先	primero
ぐたいてき（な）（具体的（な））	specific	具体	concreto
スピーチメモ	notes for a speech	讲话草稿	apuntes para el discurso

別冊 言葉リスト（8課）　27

日本語	英語	中国語	スペイン語
それでは	now	那么	bueno, entonces
きっかけ	trigger	契机	motivo
エピソード	episode	逸话	anécdota
メモ	note	记录、草稿	nota, apunte
そのまま	as it is	照原样	sin más, tal como está
じゅんばんに（順番に）	in order	按顺序	en orden
はじめ（始め）	beginning	开头	comienzo
タイトル	title	标题	título
とちゅう（途中）	on the way to	路上	a medio camino
まとめ	conclusion	概括、归纳	resumen
おわり（終わり）	end	结尾	final
これで	now	就此	con esto
コンピューター	computer	电脑	ordenador, computadora
レポート	report	报告	informe, trabajo
きまつテスト（期末テスト）	term-end exam	期末考试	examen final
はんい（範囲）	range, area	范围	ámbito, materia que entra
［テストはんいが］でる（［テスト範囲が］出る）	[range of possible question for exam] be announced	公布［考试范围］	anunciarse [la materia que entra en el examen]
よていをたてる（予定をたてる）	plan	制定计划	hacer un plan
こうぎょう（工業）	industry	工业	industria
ぶんしょう（文章）	sentence	文章	oración
もういっかい（もう一回）	once again	再来一次	una vez más, otra vez
そんな	that	那样	tal, ese
なんでも（何でも）	whatever	什么都	cualquier cosa, todo
あるとき	one day	有时	una vez
しえんボランティア（支援ボランティア）	supporting volunteer staff	支援的志愿者	voluntario de apoyo
こうこうけんがく（高校見学）	open school	参观高中	día de visita a un instituto de bachillerato

日本語	英語	中国語	スペイン語
サポート	support	支援	apoyo
しんろ（進路）	course	（毕业后的）去向	camino a seguir
しぼうこう（志望校）	school of one's choice	要报考的学校	escuela preferida para ingresar
がっこうけんがくかい（学校見学会）	open school	学校参观体验会	día de visita a una escuela
かんしゃ（する）（感謝（する））	appreciate	感谢	agradecer
たいしょう（対象）	object	对象	objeto
ねつがでる（熱が出る）	get a fever	发烧	tener fiebre
かんびょうする（看病する）	nurse	护理病人	cuidar (a un enfermo)
けっか（結果）	result	结果	resultado
［けっかが］でる（［結果が］出る）	[result] come out	出［结果］	salir [un resultado]
ねぼうする（寝坊する）	oversleep	睡懒觉	quedarse dormido

9課

日本語	英語	中国語	スペイン語
やくわりぶんたん（役割分担）	division of roles	分工	reparto de funciones
せんたく（洗濯）	washing	洗涤	colada, lavado de la ropa
ごみすて（ごみ捨て）	taking out the garbage	倒垃圾	acción de sacar la basura
ひょう（表）	table	表	tabla
かじ（家事）	housework	家务	tareas domésticas
チェックする	check	打勾	chequear, checar, comprobar
つける	write	划上	poner
しょっき（食器）	dish	餐具	vajilla, plato
せんたくもの（洗濯物）	laundry	要洗的衣服	ropa para lavar, ropa lavada
ほす（干す）	dry	晾干	secar
たたむ	fold	叠	doblar
ごみをだす（ごみを出す）	take out the garbage	倒垃圾	sacar la basura

別冊　言葉リスト（9課）　　**29**

日本語	英語	中国語	スペイン語
かいてき（な）（快適（な））	comfortable	舒适、舒服	cómodo
くらしていく（暮らしていく）	live	生活下去	vivir
あとかたづけ（後片づけ）	cleanup	收拾	acción de recoger después de usar
いわゆる	so called	所谓	lo que se llama
ははおや（母親）	mother	母亲	madre
ともばたらき（共働き）	double income	双职工	trabajar ambos cónyuges
かてい（家庭）	household	家庭	hogar
ばあい（場合）	in case	场合、情况	caso
おとこ（男）	man	男人	hombre
なまける（怠ける）	neglect one's duties	偷懒	desatender, descuidar
てつだい（手伝い）	help	帮忙	ayuda
まとめる	put together	汇总、归纳	recoger, juntar
わりあい（割合）	percentage	比例	proporción
～こうもく（～項目）	~ item	～项目	~ apartado(s), ~ punto(s)
わずかに	a little	稍微	ligeramente
だんじょべつ（男女別）	according to gender	男女分别（来看）	separando por sexo
じょし（女子）	girl	女孩	niña, chica
げんしょうする（減少する）	decrease	减少	disminuir
ぞうか（する）（増加（する））	increase	增加	aumentar
ぜんたい（全体）	whole	全体	en total
さて	by the way	那么	ahora bien
しょくぎょう（職業）	occupation	职业	ocupación
だんじょ（男女）	male and female	男女	hombres y mujeres
ほいくし（保育士）	nursery school teacher	保育员	puericultor
びようし（美容師）	hairdresser	美发师	peluquero
うんてんし（運転士）	operator	驾驶员、司机	maquinista
だんせい（男性）	male	男性	hombre
みかける（見かける）	see	看到	ver, encontrar

日本語	英語	中国語	スペイン語
せいべつ（性別）	sex	性别	sexo
おんな（女）	female	女人	mujer
じゆう（な）（自由（な））	free	自由	libre
いきかた（生き方）	way of life	生活方式、生活态度	modo de vida
しょくご（食後）	after eating	饭后	después de la comida
よそう	serve	盛（饭）	servir
しまう	put back	收拾、收藏	recoger
りょうりづくり（料理作り）	cooking	做饭、做菜	preparación de la comida
かのじょ（彼女）	she	她	ella
なげる（投げる）	throw	摔倒	tumbar, derribar
かれ（彼）	he	他	él
まずい	tasteless	味道不好、难吃	tener mal sabor
くらす（暮らす）	live	生活、过日子	vivir
ひとびと（人々）	people	人们	gente
スピーチたいかい（スピーチ大会）	speech contest	讲演比赛	concurso de oratoria
さいがいじ（災害時）	during disasters	（发生）灾害时	caso de desastre
～ねんど（～年度）	fiscal year (from April 1 to March 31)	～年度	año fiscal
こうないほうそう（校内放送）	School public address system	校内广播	emisora escolar, megafonía
えんそう（演奏）	performance	演奏	interpretación, ejecución
ひじょうかいだん（非常階段）	emergency stairs	逃生梯	escaleras de emergencia
オリンピック	Olympics	奥运会	Juegos Olímpicos
かいさいする（開催する）	hold	举办	celebrarse
こうつうじこ（交通事故）	traffic accident	交通事故	accidente de tráfico/tránsito
しぼうしゃすう（死亡者数）	fatality	死亡人数	número de víctimas mortales

別冊　言葉リスト（9課）　31

日本語	英語	中国語	スペイン語
きこくする（帰国する）	go back to one's country	回国	regresar a su país
［テストに］でる （［テストに］出る）	be tested, be on [a test]	［考題中］会出	salir [en el examen]
ラッキー（な）	lucky	幸运	afortunado
はじめに（初めに）	at first	首先	primero
～びょうさ（～秒差）	by ~ second(s)	～秒差	diferencia de ~ segundos
かわいがる	pet	喜爱、疼爱	querer mucho
ペット	pet	宠物	mascota, animal de compañía
とまる（止まる）	stop	止住	parar
かぎ（鍵）	key	钥匙	llave
オセロ	Othello	奥赛罗棋	Othello, Reversi
チャンピオン	champion	冠军	campeón
やじゅう（野獣）	beast	野兽	bestia
おうじ（王子）	prince	王子	príncipe
けっこんする（結婚する）	marry	结婚	casarse
とい（問い）	question	提问	pregunta
まずしい（貧しい）	poor	贫穷	pobre
マッチ	match	火柴	fósforo, cerilla
かわいそう（な）	poor	可怜	desgraciado, pobrecito
にわ（庭）	garden	庭院	jardín
くり（栗）	chestnut	栗子	castaño
かき（柿）	persimmon	柿子	caqui
み（実）	fruit	果实	fruto
ふしぎ（な）（不思議（な））	wonderful	不可思议、奇怪	extraño, raro
たのしむ（楽しむ）	enjoy	愉快、享受	disfrutar
かんけいなく（関係なく）	regardless of	跟～没关系、不受～限制	no importar
すききらい（好き嫌い）	likes and dislikes	好恶	te guste o no te guste

日本語	英語	中国語	スペイン語
こくせき（国籍）	nationality	国籍	nacionalidad
きょり（距離）	distance	距离	distancia
りょうきん（料金）	fare	费用	tarifa
しつない（室内）	indoor	室内	cubierto
ボクシング	boxing	拳击	boxeo
ふえてくる（増えてくる）	increase	增加	aumentar
きょういく（教育）	education	教育	educación
［きょういくを］うける （［教育を］受ける）	receive [an education]	受［教育］	recibir [educación]
けんりがある（権利がある）	have a right	有权利	tener derecho
（おかねの）あるなし （（お金の）有る無し）	rich or not	是否有（钱）	tenga o no [dinero]
じんこう（人口）	population	人口	población
だんだん	gradually	渐渐	gradualmente
じょじょに（徐々に）	gradually	慢慢地	poco a poco
へいきんきおん（平均気温）	average temperature	平均气温	temperatura media
さがる（下がる）	lower	下降	bajar
つぼみ	bud	花蕾	capullo
〜とう（〜頭）	~ head	〜只、〜头	(contador de animales grandes)
とくちょう（特徴）	characteristic	特征	característica
てんけい（典型）	type	典型	cosa típica, arquetipo
とうふ	tofu, bean curd	豆腐	tōfu, cuajada de soja/soya
りつ（率）	percentage	比率	porcentaje
または	or	或者	o

別冊　言葉リスト（9課）　33

日本語	英語	中国語	スペイン語
10課			
ステッカー	sticker	贴纸	pegatina
ひがい（被害）	damage	受害	daño
どうろ（道路）	road	道路	carretera
かさい（火災）	fire	火灾	incendio
はっせいする（発生する）	occur	发生	ocurrir
たいへいよう（太平洋）	the Pacific Ocean	太平洋	Océano Pacífico
〜がわ（〜側）	〜 side	〜一側	〜 parte
なくなる（亡くなる）	die	去世	morir
ちほう（地方）	district	地区、地方	región
さいだい（最大）	maximum	最大	máximo
しんど（震度）	seismic intensity	震度	intensidad sísmica
ゆれ（揺れ）	shaking	摇晃	temblor
つよさ（強さ）	intensity	强度	fuerza
かぐ（家具）	furniture	家具	mueble
たおれる（倒れる）	fall over	倒下	caerse
われる（割れる）	be broken	破碎	romperse
おちる（落ちる）	fall	掉下	caer
へい（塀）	wall	围墙	pared, muro
み（身）	body	身体	cuerpo
おさまる（収まる）	subside	平息下来	cesar, pasar
ひなん（する）（避難（する））	evacuate	避难	refugiarse
ひなんばしょ（避難場所）	evacuation spot	避难场所	refugio
かくにんする（確認する）	check	确认	chequear, checar, comprobar
ラジオ	radio	收音机	radio
せいかく（な）（正確（な））	correct	正确	correcto
じょうほう（情報）	information	信息	información
さいがい（災害）	disaster	灾害	desastre

日本語	英語	中国語	スペイン語
たつ（経つ）	pass	流逝、过去	pasar
かず（数）	number	数量	número
このような	like this	这种	así, como este
ガソリンスタンド	petrol station	加油站	gasolinera, bencinera, bomba
じどうはんばいき（自動販売機）	vending machine	自动售货机	máquina de venta automática
だれでも（誰でも）	anyone	任何人都	cualquier persona
とりだす（取り出す）	take out	拿出、取出	obtener, sacar
つづく（続く）	continue	继续	continuar
きかん（期間）	term	期间	periodo
ぜんいき（全域）	whole area	整个地区	toda el área
りゅうこうする（流行する）	spread	流行	propagarse
じこ（事故）	accident	事故	accidente
だいたい（大体）	approximate	大致、大概	aproximado
ちゅうかがい（中華街）	Chinatown	中华街、唐人街	barrio chino
こうじ（工事）	construction	施工	obra de construcción
はっきりする	become clear	明确	clarificar, especificar
ボランティアかつどう（ボランティア活動）	volunteer activities	志愿者活动	actividad de voluntariado
らく（な）（楽（な））	easy	轻松	cómodo
へへ	(laughing lightly) heh-heh	嘿嘿（笑）	je, je
ちゅうかんテスト（中間テスト）	mid-term test	期中考试	examen parcial
よしゅう（予習）	preparation	预习	preparación de la lección
マラソン	marathon	马拉松	maratón
たいそうふく（体操服）	gym wear	运动服	ropa de gimnasia
かいし（開始）	beginning	开始	inicio
ええ	yes	是的	sí

別冊 言葉リスト（10課）

日本語	英語	中国語	スペイン語
さんしゃめんだん（三者面談）	parent-teacher meeting	三方面谈	reunión tripartita (padres, profesores, alumnos)
へんかする（変化する）	change	变化	cambiar
たいじゅう（体重）	weight	体重	peso
しんちょう（身長）	height	身高	estatura
しえん（支援）	support	支援	apoyo
たげんご（多言語）	multiple languages	多种语言	multilingüe
ほんやくする（翻訳する）	translate	翻译	traducir
しらせる（知らせる）	inform	通知	transmitir, hacer saber
ハングル	the Hangul alphabet	朝鲜文字	letras coreanas, caracteres coreanos
スペインご（スペイン語）	Spanish	西班牙语	español (idioma)
きまり	rule	规则	regla, norma

11課

日本語	英語	中国語	スペイン語
しゅわ（手話）	sign language	手语	lengua de señas
ほうほう（方法）	means	方法	medio, método
だが	however	但是	pero
ひょうじょう（表情）	expression on one's face	表情	expresión facial
めせん（目線）	one's eyes	视线	mirada
［コミュニケーションを］はかる（［コミュニケーションを］図る）	communicate	设法［沟通］	entablar [comunicación]
じんぶつ（人物）	person	人物	persona
かわりに（代わりに）	instead	替代	en vez de
しかく（視覚）	vision	视觉	vista
りかい（する）（理解（する））	understand	理解	comprender
となりどうし（隣どうし）	side by side	相邻	uno al lado de otro
しょうめん（正面）	front	面对面	frente
りょうて（両手）	both hands	两只手	las dos manos

日本語	英　語	中国語	スペイン語
くうちゅう（空中）	air	空中	aire
ひらひら	fluttering	翩翩（舞动）	movimiento ondulante
はくしゅ（拍手）	clapping	鼓掌	aplauso
きょうかんする（共感する）	sympathize	同感	sentir simpatía
タイご（タイ語）	Thai	泰语	tailandés (idioma)
カルチャーショック	culture shock	文化冲击	shock cultural
［カルチャーショックを］うける（［カルチャーショックを］受ける）	get [culture shock]	受到［文化冲击］	recibir [un shock cultural]
おもいうかべる（思い浮かべる）	recollect	想起	pensar
ほうげん（方言）	dialect	方言	dialecto, habla
あげる（挙げる）	give	举	poner
エスカレーター	escalator	自动扶梯	escalera mecánica
りようする（利用する）	use	利用	usar
ちいさな（小さな）	small	小的	pequeño
はっけん（発見）	finding	发现	descubrimiento
かていじょうけん（仮定条件）	hypothetical situation	假设条件	hipótesis
しぜんきょうしつ（自然教室）	Nature class	自然教室	clase en la naturaleza
はらう（払う）	pay	支付、付	pagar
いくつ	what	几	cuánto
ひかえめ（な）（控えめ（な））	modest	谨慎	modesto, discreto
よわい（弱い）	weak	弱势	débil
もうどうけん（盲導犬）	seeing eye dog, guide dog	导盲犬	perro lazarillo
つれる（連れる）	take	牵、带	ir con
はんにん（犯人）	suspect, perpetrator	犯人	autor de un delito
かくしん（確信）	conviction	确信	convencimiento, convicción
けいじ（刑事）	detective	刑警	detective
かねもち（金持ち）	the rich	有钱人	rico
あやしい（怪しい）	suspicious	可疑	sospechoso

別冊　言葉リスト（11課）

日本語	英語	中国語	スペイン語
きぼう（希望）	hope	希望、愿望	deseo, esperanza
ダブルス	doubles	双打	dobles
［ダブルスを］くむ（［ダブルスを］組む）	pair up	组成［双打］	formar [pareja]
でんわにでる（電話に出る）	answer the phone	接电话	ponerse al teléfono
ばめん（場面）	situation	场面	situación
にゅうがくしき（入学式）	entrance ceremony	入学典礼	ceremonia de ingreso
ぜんこうしゅうかい（全校集会）	school assembly	全校集会	asamblea escolar
ぎょうじ（行事）	event	仪式、活动	actos, ceremonias
かいかい（開会）	opening	开幕	apertura, inauguración
うけとる（受け取る）	receive	接受	recibir
がくねんしゅうかい（学年集会）	grade assembly	年级会议	asamblea de curso
ごあいさつをいただきます	We will receive an address.	恭请～致辞。	Nos dirigirá un saludo.
がいこくご（外国語）	foreign language	外语	lengua extranjera
まわり（周り）	around	周围	alrededor

12課

日本語	英語	中国語	スペイン語
かんきょう（環境）	environment	环境	medio ambiente
よごれる（汚れる）	be polluted	污染	contaminarse
すずしい（涼しい）	cool	凉快	fresco
とかい（都会）	city	都市	ciudad
それほど	that	那么	tan
きおん（気温）	temperature	气温	temperatura
たつまき（竜巻）	tornado	龙卷风	remolino, tromba
だんとう（暖冬）	warm winter	暖冬	invierno suave/templado
スキーじょう（スキー場）	ski resort	滑雪场	estación de esquí
こうした	this	这样的	este
いじょうきしょう（異常気象）	extraordinary weather	气候异常	tiempo anómalo

日本語	英語	中国語	スペイン語
ちきゅう（地球）	earth	地球	Tierra
おんど（温度）	temperature	温度	temperatura
［おんどが］あがる（［温度が］上がる）	[temperature] rise	［温度］ 上升	subir [la temperatura]
～せいき（～世紀）	~ century	～世纪	siglo ~
ちきゅうおんだんか（地球温暖化）	global warming	全球变暖	calentamiento global
きしょう（気象）	weather	气象	tiempo atmosférico
こうじょう（工場）	factory	工厂	fábrica
しんりん（森林）	forest	森林	bosque
やせいどうぶつ（野生動物）	wild animal	野生动物	vida salvaje
［やせいどうぶつが］でる（［野生動物が］出る）	[wild animal] appear	［野生动物］出没	aparecer [animales salvajes]
さくもつ（作物）	crop	农作物	cosecha
であう（出あう）	meet	遇、遭遇	toparse
じけん（事件）	accident	事件	accidente
さがす（探す）	look for	寻找	buscar
はかいする（破壊する）	destroy	破坏	destruir
ぜつめつ（する）（絶滅（する））	die out	灭绝	extinguirse
ぜつめつきぐしゅ（絶滅危惧種）	endangered species	频危物种	especie amenazada
ほごする（保護する）	protect	保护	proteger
こうやって	like this	这样	de esta forma
とりくみ（取り組み）	effort	解决对策	esfuerzo, actuación
しゃかい（社会）	society	社会	sociedad
つく	get, accumulate	画（圏儿）	poner
のこす（残す）	leave	剩、留	dejar
なるべく	as ~ as possible	尽量	lo más ~ posible
ペットボトル	PET bottle	塑料瓶	botella PET
きちんと	properly	正确地	correctamente

別冊 言葉リスト（12課）

日本語	英語	中国語	スペイン語
わける（分ける）	separate	分类	separar
マイバッグ	reusable bag	环保袋	bolsa propia
つかいすて（使い捨て）	disposable	一次性（用品）	desechable, descartable
とりもどす（取り戻す）	get back	恢复原样、挽回	recuperar
いまのまま（今のまま）	as it is	像现在的样子下去	si sigue así
このまま	as it is	就这样	si sigue así
いますぐ（今すぐ）	right now	现在马上	ahora mismo, ya
こうどう（する）（行動（する））	act	行动	actuar
もったいない	wasteful	心疼浪费	ser un desperdicio
シール	sticker	贴纸标签	adhesivo, pegatina
［シールを］とる（［シールを］取る）	take off [sticker]	撕掉［贴纸］	despegar [el adhesivo]
いつまでも	always	永远、始终	siempre (en el futuro)
リーダー	leader	头、负责人	líder
こうりゅう（交流）	interchange	交流	intercambio
カメラ	camera	照相机	cámara
スポーツたいかい（スポーツ大会）	sports event	运动会	evento deportivo
べんきょうづくえ（勉強机）	desk	书桌	mesa de estudio
めんだんする（面談する）	interview	面谈	entrevistarse
まよう（迷う）	waver	犹豫	vacilar, dudar
～ばん（～番）	~ place	第～名	~ puesto
たべつづける（食べ続ける）	continue eating	连着吃	seguir comiendo
にどと～ない（二度と～ない）	never ~ again	不再重犯～	nunca más
けつい（決意）	decision	决心	decisión
けっして（決して）	never	决（不）、绝对（不）	nunca
やぶる（破る）	break	失（约）	romper, incumplir
ネットショッピング	online shopping	网购	compras en línea
あう（合う）	fit	合适	quedar

日本語	英語	中国語	スペイン語
おおゆき（大雪）	heavy snow	大雪	fuerte nevada
ごちゅういください （ご注意ください）	Please be careful.	请注意。	Tengan cuidado.
すべる（滑る）	slip	滑	resbalar
こおる（凍る）	ice	冻	congelarse
トラ	tiger	老虎	tigre
のこる（残る）	remain	留下	quedar
こんなに	so	这么	tan

13課

日本語	英語	中国語	スペイン語
にゅうし（入試）	entrance exam	入学考试	examen de ingreso/ admisión
こじんめんせつ（個人面接）	individual interview	个人面试	entrevista individual
グループめんせつ （グループ面接）	group interview	集体面试	entrevista en grupo
がくりょく（学力）	academic ability	学力	capacidad académica
めんせつする（面接する）	interview	面试	entrevistar
ずいぶん	very much	非常	muy
あと	and	还有	luego, también
もぎめんせつ（模擬面接）	mock interview	模拟面试	ensayo de entrevista
しぼうする（志望する）	wish	志愿	aspirar
けんがく（見学）	visit	参观	visita
ふんいき（雰囲気）	atmosphere	气氛	ambiente
どりょく（する）（努力（する））	try	努力	esforzarse
パス	pass	传球	pase
こちらの	this (polite)	这（量词）（礼貌用语）	este (lenguaje de cortesía)
けいさんもんだい（計算問題）	sums	计算题	problema de cálculo
ボランティア	volunteer staff	志愿者	voluntario (persona)

別冊　言葉リスト（13課）　*41*

日本語	英語	中国語	スペイン語
ときかた（解き方）	how to solve	解答方法	modo de resolver
とく（解く）	solve	解答	resolver, solucionar
けいゆ（経由）	via	经由	vía
ばいかい（媒介）	intermediary	媒介	intermediación
じむしつ（事務室）	office	办公室	oficina
しんぶん（新聞）	newspaper	报纸	periódico
きんじょ（近所）	neighborhood	近邻	vecindario
せいちょうする（成長する）	grow	成长	crecer
にゅうがく（する）（入学（する））	enter school	入学	ingresar en una escuela
てつづき（手続き）	procedure	手续	trámite
かんけいする（関係する）	relate	有关	relacionado
しょるい（書類）	document	资料、文件	documento
（どうぞ）よろしくおねがいいたします（（どうぞ）よろしくお願いいたします）	Pleased to meet you. (polite)	请多关照。（礼貌用语）	Encantado de conocerlo. (lenguaje de cortesía)
こちらこそ	same here	彼此彼此	Igualmente
そちら	you (polite)	贵方、您	usted, ahí / donde usted está (lenguaje de cortesía)
ゼロ	zero, none	零	cero
はいしゃ（歯医者）	dentist	牙医	dentista
アニメぶ（アニメ部）	anime club	动漫部	club de anime
しんかん（新刊）	new book	新出版的书	nueva edición
［しんかんが］でる（［新刊が］出る）	[new book] be released	出版［新刊］	publicarse [una nueva edición]
カップラーメン	cup noodles	方便碗面	ramen instantáneo
ていど（程度）	degree	程度	grado
～チーム	~ team	～队	~ equipo(s)
しゃちょう（社長）	president	总经理	presidente
しゃいん（社員）	company employee	职员	empleado

日本語	英語	中国語	スペイン語
かかる	take	花费	costar
〜じかんはん（〜時間半）	~ hour and a half	〜个半小时	~ hora(s) y media
すべりだい（滑り台）	slide	滑梯	tobogán
いけ（池）	pond	池塘	estanque
マニュアル	manual	便览、指南	manual
レシピ	recipe	菜谱	receta
じっけんする（実験する）	experiment	实验	hacer un experimento
しあいかいじょう（試合会場）	venue for the game	赛场	lugar del partido
マニラ	Manila	马尼拉	Manila
べつの（別の）	another	别的	otro
いちねんじゅう（一年中）	all year, year around	一整年	todo el año
ひてい（否定）	negative	否定	negación
めんせつじ（面接時）	during the interview	面谈时	al pasar la entrevista
ちゅういてん（注意点）	points to be careful of	注意事项	puntos que hay que cuidar
ノックする	knock	敲门	llamar a la puerta con los nudillos
おじぎ（お辞儀）	bow	行礼、鞠躬	reverencia
ちゃくせき（着席）	sitting	就坐	sentarse
はっきり（と）	clearly	清楚地	con claridad
もういちど（もう一度）	once again	再一次	una vez más
たちあがる（立ちあがる）	stand up	站起来	ponerse de pie, pararse
れい（礼）	bow	行礼、鞠躬	hacer una reverencia
とくいかもく（得意科目）	best subject	擅长的科目	asignatura en la que es fuerte
ほんこう（本校）	our school	本校	esta/nuestra escuela
いがい（以外）	other than	以外	aparte de

日本語	英語	中国語	スペイン語

14課

日本語	英語	中国語	スペイン語
でんわをかける（電話をかける）	call	打电话	llamar por teléfono
たんとう（担当）	person in charge	负责、担当	encargado
～ともうします（～と申します）	one's name is ~ (humble)	我叫～（自谦语）	me llamo ~ (lenguaje de modestia)
いらっしゃる	be (respectful)	在（尊敬语）	estar (lenguaje de respeto)
ほうもんする（訪問する）	visit	访问	visitar
くろう（苦労）	trouble, hardship	辛劳	dureza, penalidades
けいご（敬語）	honorific	敬语	honorífico
まちがえる（間違える）	make a mistake	错	equivocarse
うやまう（敬う）	respect	尊敬	respetar
かえって	all the better	反而	al contrario
うけいれる（受け入れる）	accept	接受、接纳	aceptar
うけいれさき（受け入れ先）	the company that accepts interns	接收单位	parte receptora
たんとうしゃ（担当者）	person in charge	负责人	persona encargada
かんさつする（観察する）	observe	观察	observar
おこない（行い）	behavior	实行	comportamiento
マナー	manner	规矩	modales, maneras
せいい（誠意）	faith	诚意	buena fe
もしもし	hello	喂喂	¡aló!, ¡diga!
しょうしょうおまちください（少々お待ちください）	just a moment, please.	请稍等一下。	Un momento, por favor.
たいけんがくしゅう（体験学習）	learning through doing	体验学习	aprendizaje práctico de un trabajo
うかがう（伺う）	visit, come (humble)	拜访（自谦语）	visitar (lenguaje de modestia)
はなしかた（話し方）	how to speak	说话方式	modo de hablar

日本語	英　語	中国語	スペイン語
きちょう（な）（貴重（な））	precious	贵重	precioso
まなび（学び）	learning	学习	aprendizaje
ば（場）	opportunity	场所	oportunidad
がくねん（学年）	grade	学年、年级	año, curso
［がくねんが］あがる（［学年が］上がる）	[grade] go up	升（班）	pasar [al curso superior]
いきがくるしい（息が苦しい）	be choking	呼吸困难、喘不上气	sofocarse
こうそうビル（高層ビル）	high building	高层大楼	rascacielos
かい（階）	floor	楼层	piso
はんたい（反対）	opposite	相反	contrario
ふまじめ（な）（不真面目（な））	dishonest	不认真	poco serio, informal
めん（面）	aspect	一面	parte, aspecto
ふくそう（服装）	clothes	服装	ropa
ハイキング	hiking	远足、郊游	excursión, caminata por la naturaleza
コース	course	路线	ruta
せんごくじだい（戦国時代）	the Warring State Period	战国时代	periodo de los países en guerra (periodo Sengoku)
サービスする	serve	提供服务	dar un servicio
うんてんしゅ（運転手）	driver	司机	conductor
タクシーがいしゃ（タクシー会社）	taxi company	出租车公司	empresa de taxis
やっきょく（薬局）	farmacy	药房	farmacia
～じょう（～錠）	~ tablet	～药片	~ pastilla(s)
［くすりを］のむ（［薬を］飲む）	take [medicine]	喝［药］、吃［药］	tomar [una medicina]
みまん（未満）	less than	未满	menos de
やりかた（やり方）	how to ~	方法	modo de hacer
せいかく（性格）	character	性格、脾气	carácter
ペース	pace	速度、节奏	ritmo

別冊　言葉リスト（14課）

日本語	英語	中国語	スペイン語
ふつかめ（二日目）	the second day	第二天	segundo día
じゆうこうどう（自由行動）	free time activities	自由行动	tiempo libre
ひゃくメートルそう（100m走）	100 meter race	100米赛跑	carrera de 100 metros
しつど（湿度）	humidity	湿度	humedad
［しゅくだいが］でる（［宿題が］出る）	[homework] be given	留［作业］	haber [deberes]
かいさつぐち（改札口）	ticket wicket	检票口	punto de revisión de billetes
どうしたんだろう	I wonder what happened.	不知怎么了？	¿Qué habrá pasado?
ぜったい（絶対）	absolutely	绝对、一定	sin duda
ひつぜん（必然）	inevitable	必然	inevitable
［テストが］できる	be excellent in [an exam]	［考试］考好	salir bien [del examen]
いる	need	需要	hacer falta, necesitar
マラソンたいかい（マラソン大会）	marathon race	马拉松比赛	maratón
くも（雲）	cloud	云	nube
かくりつ（確率）	probability	概率	probabilidad
はれ（晴れ）	fine	晴	despejado
もうひとつ（もう一つ）	another	另一个	otro
ていねいご（丁寧語）	polite expression	礼貌语	lenguaje de cortesía
そんけいご（尊敬語）	respectful expression	尊敬语	lenguaje de respeto
けんじょうご（謙譲語）	humble expression	自谦语	lenguaje de modestia
～しゅるい（～種類）	~ kind	～类、～种	~ tipo(s)
～といいます（～と言います）	one's name is ~ .	我姓～。／我叫～。	Me llamo ~.

15課

日本語	英語	中国語	スペイン語
（お）れいじょう（（お）礼状）	letter of thanks	感谢信	carta de agradecimiento
いずれ	sooner or later	不久	en algún momento
すこしずつ（少しずつ）	little by little, gradually	一点点地	poco a poco

日本語	英語	中国語	スペイン語
かんがえはじめる（考え始める）	begin to think	开始考虑	empezar a pensar
じき（時期）	time	时期	momento
どういうこと	what it means	怎么回事	qué (cosa) es
なかなか〜ない	hardly 〜	怎么也不〜	no 〜 fácilmente
じっくり	thoroughly	仔细地	con calma, detenidamente
イメージする	imagine	描绘、想象	imaginar
メリット	advantage	优点、好处	ventaja
じつは（実は）	actually	老实说、实际上	en realidad
めいわく（な）（迷惑（な））	troublesome	麻烦、打搅	molesto
（お）さら（（お）皿）	plate	盘子、碟子	plato
こぼす	spill	洒	derramar
それでも	nevertheless	尽管如此	aun así
かたがた（方々）	people (polite)	各位（礼貌用语）	las personas (lenguaje de cortesía)
ていきょうする（提供する）	offer	提供	ofrecer
〜てくださる	(polite equivalent of 〜てくれる)	（「〜てくれる」的礼貌用语）	(equivalente cortés de 〜てくれる)
むり（な）（無理（な））	forcible	勉强	forzoso, obligatorio
ぜひ	be sure to 〜	一定	sin falta
つたわる（伝わる）	be conveyed	传达	transmitirse
みなさま	everyone (polite)	各位（礼貌用语）	todos ustedes (lenguaje de cortesía)
せんじつ（先日）	the other day	前几天	el otro día
じゅうじつする（充実する）	be fulfilling	充实	ser satisfactorio, ser lleno de sentido
たいけんちゅう（体験中）	during the internship	体验期间	durante las prácticas
〜ていただく	(polite equivalent of 〜てもらう)	（「〜てもらう」的礼貌用语）	(equivalente cortés de 〜てもらう)
かいものする（買い物する）	do shopping	购物	hacer compras

別冊　言葉リスト（15課）　47

日本語	英語	中国語	スペイン語
かげ（陰）	background	暗地	detrás, donde no se ve
じっかんする（実感する）	realize	真实感受、体会	darse cuenta, sentir en propia piel
せきにんかん（責任感）	sense of responsibility	責任感	sentido de la responsabilidad
じぶんじしん（自分自身）	oneself	自己	uno mismo
のべる（述べる）	express	叙述	decir, exponer
ばん（番）	turn	轮到	turno
シンデレラ	Cinderella	灰姑娘	Cenicienta
（お）しろ（（お）城）	castle	城堡	castillo
あるひ（ある日）	one day	有一天	un día
ドレス	dress	礼裙	vestido
いやいや	no, no	不，不	no, de ninguna manera
きず（傷）	hurt	伤	herida
なんども（何度も）	many times, repeatedly	好几次	innumerables veces
そうかな	Is that so?	是这样吗？	¿Será de verdad así?
てんちょう（店長）	store manager	店长	jefe/gerente de una tienda
もどる（戻る）	go back	回	regresar
おだいじにね（お大事にね）	Take care of yourself.	多保重啊。	¡Cuídese mucho!
あたまがいたい（頭が痛い）	have a headache	头疼	doler la cabeza
もうしわけありませんが（申し訳ありませんが）	Excuse me, but ~.	对不起，可是～。	Discúlpeme, pero ~.
ずつう（頭痛）	headache	头痛	dolor de cabeza
ロボット	robot	机器人	robot
かいご（介護）	nursing care	护理、看护	cuidados
はく（掃く）	sweep	扫	barrer
ひつようない（必要ない）	not necessary	没必要	no es necesario

日本語	英語	中国語	スペイン語
がっこうせつめいかい（学校説明会）	school information session	学校说明会	reunión explicativa sobre la escuela
つうやくする（通訳する）	interpret	口译	interpretar, traducir
きんちょうする（緊張する）	get nervous	紧张	ponerse nervioso
そうですよね	You're right.	是这样啊。	Sí, ¿verdad?
せいしき（な）（正式（な））	formal	正式	formal
たてがき（縦書き）	vertical writing	竖写	escritura vertical

16課

日本語	英語	中国語	スペイン語
たようせい（多様性）	diversity	多样性	diversidad
〜わ（〜羽）	(counter for birds)	〜只（数鸟时用的量词）	(contador de pájaros)
ニワトリ	chicken	鸡	gallina
かきあらわす（書き表す）	write	写出来	expresar por escrito
そのご（その後）	after that	那以后	posteriormente
〜すえ（〜末）	at the end of ~	〜末	finales de ~
くずす	write in a simplified form	写成草体	poner en letra corrida, simplificada
いちぶ（一部）	part	一部分	una parte
おもに（主に）	mainly	主要	principalmente
ちめい（地名）	name of place	地名	topónimo
じんめい（人名）	name of person	人名	nombre de persona
ファッション	fashion	时装	moda
ものおと（物音）	sound	响声	ruido
もじ（文字）	letter	文字	letra
これら	these	这些	estos
ローマじ（ローマ字）	Roman alphabet letter	罗马字	letra latina (romana)
アルファベット	alphabet	拉丁字母	alfabeto
はつおん（発音）	pronunciation	发音	pronunciación

日本語	英　語	中国語	スペイン語
えきめい（駅名）	name of station	车站名	nombre de estación
いくじ（育児）	child care	育儿	crianza
しんねん（新年）	new year	新年	año nuevo
あけましておめでとう	Happy new year!	恭贺新年、新年好！	¡Feliz año nuevo!
きもちわるい（気持ち悪い）	disgusting	不愉快、恶心	desagradable
もじばかりでなく（文字ばかりでなく）	not only letters but~	不仅是文字	no solamente letras
えもじ（絵文字）	emoji	小黄脸等图标	emoji
かいはつする（開発する）	develop	开发	desarrollar, crear
～もじ（～文字）	~ letters	～个字	~ letra(s)
かぞえる（数える）	count	数	contar
さいしょに（最初に）	first	最初	primero
ほぞんする（保存する）	keep	保存	guardar
さか（坂）	slope	斜坡	cuesta, pendiente
こんきょ（根拠）	reason	根据	fundamento
せかいいち（世界一）	top of the world	世界第一	número uno del mundo
ふきゅうする（普及する）	become widespread	普及	difundirse
つねに（常に）	always	经常、平时	siempre
しぜんさいがい（自然災害）	natural disaster	自然灾害	desastre natural
インド	India	印度	India
すうねん（数年）	several years	数年、几年	varios años
れんらくをとる（連絡を取る）	have contact	取得联系	contactar
ホーム	platform	站台	andén
あく（空く）	be a gap	有空档、有缝隙	haber un hueco
じゅうぶん（十分）	enough	充分	suficientemente
たいへん（大変）	very much	非常	mucho
としょかんカード（図書館カード）	library card	阅览证	carné de la biblioteca
けんがくかい（見学会）	open school	参观体验会	día de visita

日本語	英語	中国語	スペイン語
おちつく（落ち着く）	calm	沉着	tranquilizarse
だいり（代理）	proxy, fill-in	代理	sustitución
ガソリン	gasoline	汽油	gasolina, bencina
かつやくする（活躍する）	play an active part	活跃	hacer muchas tareas
せいかつアンケート（生活アンケート）	survey about one's life	有关生活的问卷调查	encuesta sobre la vida diaria
じっこういいん（実行委員）	member of committee	实行委员	miembro del comité ejecutivo
はなしあい（話し合い）	talk	商量	conversación
かいぎしつ（会議室）	meeting room	会议室	sala de reuniones
かく（各）	each	各	cada
へいきんする（平均する）	average	平均	sacar el promedio
ごちそう	feast	好吃的、美味	festín, comida rica y abundante
みなみ（南）	south	南	sur
しま（島）	island	岛	isla
ほし（星）	star	星星	estrella
くわえる（加える）	add	加上	añadir
つよめる（強める）	intensify	加强、增强	intensificar